W0032553

Die Rosen

Die vollständigen Tafeln

PIERRE-JOSEPH REDOUTÉ

1759–1840

TASCHEN

HONG KONG KÖLN LONDON LOS ANGELES MADRID PARIS TOKYO

Inhalt

6

Redouté und die Kultur der Rose

PETRA-ANDREA HINZ

20

Redouté: Technik und Druckverfahren

BARBARA SCHULZ

28

Tafeln

198

Glossar

PETRA-ANDREA HINZ

202

Index

203

Bibliographie

204

Danksagung / Fotonachweis

PETRA-ANDREA HINZ

Redouté und die Kultur der Rose

Pierre-Joseph Redouté wurde am 10. Juli 1759 in St. Hubert in der Nähe von Lüttich in den Ardennen geboren. Er stammte aus einer Familie von Malern; sein Großvater Jean-Jacques Redouté (1687–1752) arbeitete im Auftrag für Kirchen und Klöster, und auch sein Vater Charles-Joseph Redouté (1715–1776) verdiente seinen Lebensunterhalt als Maler. So wurden die drei Söhne vom Vater in die Kunst eingeführt. Der älteste Sohn, Antoine-Ferdinand (1756–1809), wurde Kulissenmaler am Théâtre italien in Paris, der jüngste Sohn, Henri-Joseph (1766–1852), arbeitete später wie Pierre-Joseph als Künstler am Muséum national d'Histoire Naturelle in Paris. Mit kaum 15 Jahren war Pierre-Joseph der väterlichen Obhut entwachsen und begab sich, wie damals üblich, auf Wanderschaft. Er zog durch Holland, Belgien und Luxemburg und nahm verschiedene Aufträge an: Innendekorationen, Porträts und religiöse Themen. Er lernte die Werke der großen flämischen Meister kennen, besonders Rachel Ruysch (1664–1750) und Jan van Huysum (1682–1749). Diese Blumenbilder öffneten ihm eine neue Welt.

1782 ging Pierre-Joseph Redouté nach Paris, wo er zusammen mit seinem Bruder Antoine-Ferdinand als Bühnenbildner für das italienische Theater arbeitete. In seiner Freizeit aber malte Redouté Pflanzen. Auf der Suche nach immer neuen Objekten entdeckte er den Jardin du Roi, das heutige Muséum national d'Histoire Naturelle. Neben den zoologischen und botanischen Sammlungen gab es dort auch Kurse zum Beispiel in Zoologie, Botanik oder Mineralogie. Professor für naturkundliche Ikonographie am Jardin du Roi war der Holländer Gerard van Spaendonck (1746–1822), dessen Blumenstiche zu den feinsten überhaupt gehören. Er wurde auf Redouté aufmerksam, ernannte ihn zu seinem Assistenten und nahm wesentlichen Einfluß auf seinen künstlerischen Werdegang. Redouté lernte von van Spaendonck die Technik der Wassermalerei auf Pergament und fertigte ebenfalls Pflanzenbilder für die Königliche Gemäldesammlung, die Velinensammlung, an, die heute mehr als 6500 Pflanzen- und Tieraquarelle enthält.

Auf van Spaendoncks Antrag hin beschloß das Professorenkollegium 1793, außer einem zusätzlichen Botanikmaler noch zwei weitere Künstler für die zoologische Darstellung einzustellen, um den erweiterten Aufgaben des Institutes und den gewachsenen Ansprüchen der Wissenschaft gerecht zu werden. Vorgeschlagen wurden, neben einem Tiermaler, die beiden Brüder Pierre-Joseph und Henri-Joseph Redouté. So wurden beide Brüder wissenschaftliche Zeichner am Museum, der ältere als Pflanzenmaler, der jüngere, um Fische und Reptilien zu zeichnen. Während seiner Zeit am Jardin du Roi lernte Pierre-Joseph Redouté den wohlhabenden Amateurbotaniker Charles-Louis L'Héritier de Brutelle (1746–1800) kennen. L'Héritier kultivierte neue ausländische Pflanzen in seinen Gärten in Paris sowie in der Picardie und publizierte seine Beschreibungen, zum Beispiel in *Stirpes novae* (»Neue Pflanzen«, 1785–1805), auf eigene Kosten. Auf der Suche nach einem geeigneten Illustrator für seine Werke fiel ihm der junge Redouté auf, und er erkannte dessen großes Talent. Auf ein Angebot L'Héritiers hin, das ihm ein regelmäßiges Einkommen versprach, kehrte Redouté dem italienischen Theater den Rücken und widmete sich ganz der Pflanzenmalerei. L'Héritier unterwies Redouté in der Anatomie der Pflanzen, zeigte ihm ihre morphologisch wichtigen Merkmale und öffnete ihm seine große Privatbibliothek. Aufgrund der von L'Héritier erworbenen botanischen Kenntnisse konnte Redouté erst die wissenschaftliche Genauigkeit seiner Darstellungen erreichen. In seiner frühen Schaffensperiode überwiegt die akademische, sehr naturalistische, botanisch aber äußerst wertvolle Wiedergabe gegenüber ästhetischen Ansprüchen.

1787 kam Redouté in Begleitung von L'Héritier nach London; zusammen mit dem englischen Pflanzenmaler James Sowerby (1757–1822) entwarf er am Botanischen Garten in Kew bei London die Abbildungen zu L'Héritiers *Sertum Anglicum* (»Englischer Blütenkranz«, 1789–1792). Außerdem lernte er dort den Einplattenfarbdruck kennen, der im Gegensatz zum französischen Farbstichverfahren mit drei bis vier Platten nur eine, allerdings mehrfarbig eingefärbte Platte benutzte. Zurück in Frankreich

DIE ROSEN 7

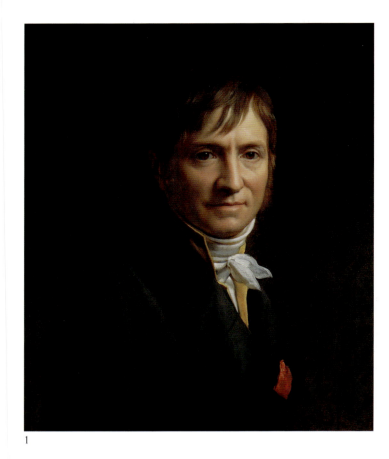

1 | BARON FRANÇOIS GÉRARD
Pierre-Joseph Redouté (1759–1840)
Brüssel, Musées royaux des Beaux-Arts de Belgique

wurde Redouté über L'Héritier mit dem Gärtner und Botaniker Jacques-Martin Cels (1743–1806) bekannt, aus dessen Garten viele der neu von L'Héritier beschriebenen und von Redouté illustrierten Pflanzen stammten. Cels stellte auch die Verbindung zu Jean-Jacques Rousseau (1712–1778) her. Obwohl sie nie zusammentrafen, illustrierte Redouté 1805 Rousseaus *La Botanique* mit 65 sehr feinen Pflanzenzeichnungen. 1788 gesellte sich schließlich das Königshaus zu seinen Förderern, Marie-Antoinette (1755–1793) ernannte ihn zum *Dessinateur du Cabinet de la Reine* und erlaubte ihm Zugang zum Petit Trianon. In den bald darauf einsetzenden Revolutionswirren arbeitete Redouté unbeirrt weiter, zum Teil an mehreren Projekten gleichzeitig.

Das erste Werk, für welches Redouté alle Abbildungen selbst zeichnete und offensichtlich auch alle Platten selber stach, war Augustin-Pyramus de Candolles (1778–1841) *Plantarum historia succulentarum* (»Die sukkulenten Pflanzen«, 1799–1832). Dieser später anerkannte Schweizer Botaniker, der zu jener Zeit als Medizinstudent in Paris weilte, verfaßte den Begleittext zu den Zeichnungen. Er wurde Professor der Botanik in Montpellier und kehrte später in seine Heimatstadt Genf zurück, wo er als Verfasser vieler botanischer Schriften galt und bis zu seinem Tode eine ungewöhnlich vielseitige Wirksamkeit entfaltete, die über sein Amt als Professor weit hinausging. In den »Sukkulenten Pflanzen« verwendete Redouté erstmals die Methode des Farbpunktstiches und erreichte damit das hohe Niveau botanischer Illustration, das seine Hauptwerke *Les Liliacées* und *Les Roses* auszeichnet.

Redoutés wichtigste Schaffensperiode begann, als Napoleons erste Gattin, die spätere Kaiserin Josephine, im Jahre 1798/99 die Grafschaft Malmaison in Rueil, südlich von Paris, erwarb. Josephine hatte offensichtlich ein großes Interesse an Botanik und Gartenbau. So wurde die Anlage und Ausgestaltung des Gartens der Grafschaft Malmaison zu ihrem persönlichen Anliegen. Sie unternahm große Anstrengungen, schöne und seltene Pflanzen aus aller Welt zusammenzutragen und in ihren Gärten zu kultivieren. Aus Malmaison wurde so eher ein botanischer Garten als ein traditioneller Schloßpark. Den Grundstock der Bepflanzung lieferte der Garten von Cels in der Nähe von Paris, dessen wissenschaftliche Bearbeitung Etienne-Pierre Ventenat (1757–1808), ein Geistlicher, Bibliothekar und Amateurbotaniker, der später Hauptbibliothekar des Pantheons wurde, übernahm. Aber auch aus Handelsgärtnereien und Baumschulen ließ Josephine weiteres Pflanzenmaterial ohne Rücksicht auf die Kosten besorgen. Aimé Jacques Alexandre Goujaud dit Bonpland (1773–1858) bemühte sich ebenfalls um Zusendung lebender Pflanzen aus den botanischen Gärten Schönbrunn (Wien) und Schönfeld (Berlin). Bonpland war Arzt, Botaniker und Forschungsreisender. Als Begleiter Alexander von Humboldts (1769–1859) auf dessen Südamerikareise (1799–1804) sammelte er über 4500 Pflanzenarten, darunter 3600 neue Arten. Nach der Rückkehr von dieser Reise wurde er Privatbotaniker Josephines in Malmaison.

Dank dieser immensen Ausgaben entstand in wenigen Jahren in Malmaison eine zu jener Zeit einmalige Sammlung außereuropäischer Pflanzen. Josephines Ziel war aber nicht nur die Anlage eines schönen Gartens, sondern auch die wissenschaftliche Bearbeitung der zusammengetragenen Arten. Dazu stellte sie Charles-François Brisseau de Mirbel (1776–1854) als Gartenbauer ein und sicherte sich die Mitarbeit der anerkannten Botaniker Ventenat und Bonpland sowie des Blumenmalers Redouté, dem sie ein großzügiges Jahresgehalt zahlte. Ventenats Pflanzenbeschreibungen sind oft mit wertvollen Anmerkungen versehen. Es entstand ein großformatiges Prachtwerk *Jardin de Malmaison* (1803–1805) mit 120 Tafeln nach Aquarellen von Redouté. Nach Ventenats Tod vervollständigte Bonpland das Werk und publizierte es unter dem Titel *Description des plantes rares cultivées à Malmaison et à Navarre* (1812–1817). Insgesamt 55 Tafeln wurden nach Aquarellen von Redouté gestochen, die übrigen Illustrationen stammen von Pancrace Bessa (1772–1835), einem weiteren Schüler Gerard van Spaendoncks.

Das Werk über die Lilien wurde 1802–1816 unter dem Protektorat der Kaiserin Josephine publiziert. Mit 486 Farbpunktstichen, die alle nach Redoutés eigenen Aquarellen hergestellt wurden, ist es das umfangreichste Werk Redoutés. Der Titel ist allerdings irreführend, da auch eine reiche Auswahl von einkeimblättrigen Pflanzen anderer Familien, wie zum Beispiel *Iridaceen*, *Commelinaceen*, *Amaryllidaceen* und *Orchidaceen*, abgebildet sind.

Das besondere Interesse Josephines aber galt den Rosen. Sie pflegte ständigen Kontakt mit den bedeutendsten europäischen Rosengärtnereien sowie Baumschulen und ließ einen Rosengarten anlegen, in dem alle bekannten Sorten wachsen sollten. Bis zu ihrem Tod 1814 waren hier rund 250 Rosensorten angesiedelt. In Redoutés Meisterwerk stammt eine große Anzahl von Rosen aus dem Garten von Malmaison, allerdings berichten sowohl Redouté als auch Claude-Antoine Thory (1759–1827), der den Begleittext erstellte, daß sie Rosen aus den Gärten der Umgebung von Paris und von verschiedenen Gärtnern und Botanikern zur Verfügung hatten.

Die drei Rosenbände von Redouté enthalten 170 Tafeln und wurden in 30 Teillieferungen während der Jahre 1817–1824 veröffentlicht. Eine große Folio-Ausgabe erschien zunächst in nur 5 Exemplaren und enthielt für jede Rose einen unkolorierten Stich und einen von Hand kolorierten Farbstich. Gleichzeitig wurde eine kleine Folio-Ausgabe herausgegeben. Das Werk hatte großen Erfolg und mußte bereits kurz nach Erscheinen nachgedruckt werden. Die im Inhalt gezeigten Rosen lassen sich zu drei Gruppen zusammenfassen: die schon im Altertum bekannten wildwachsenden Rosen wie die Hundsrose und die immergrüne Rose; die Rosen des Mittelalters wie die Weiße Rose und die Fuchsrose sowie die neueren Rosen, die zu Zeiten Redoutés mit der Einführung der asiatischen Rosen neu entstanden.

Die Bourbonen wußten Redouté später eng an sich zu binden, so ernannte ihn Karl X. 1825 zum Ritter der Ehrenlegion. Marie-Amelie, die Gattin Louis-Philippes, dessen Schwester und seine Tochter ließen sich von Redouté in die Blumenmalerei einführen, ebenso Marie-Caroline, Du-chesse de Berry (1798–1872), unter deren Protektorat das Rosenwerk erschien. 1822 trat Redouté die Nachfolge von van Spaendonck am Muséum national d'Histoire Naturelle an, aber nicht als Professor für naturkundliche Ikonographie, sondern als einfacher, schlecht bezahlter Zeichenlehrer.

Nach der Julirevolution von 1830 wurde er zum *Peintre de fleurs du Cabinet de la Reine* der neuen französischen Königin Marie-Amelie (1782–1866) ernannt. In seinen letzten Schaffensjahren publizierte er zwei weitere wichtige Werke botanischer Buchillustration, zunächst *Choix des plus belles fleurs* (1827–1833) mit 144 Tafeln sowie 1836 eine Auswahl von sechzig neuen Rosen (*Choix de soixante roses dediées à la reine des Belges*).

Zum Schluß bleibt hervorzuheben, daß die politischen und sozialen Unruhen auf das persönliche Leben Redoutés kaum Einfluß genommen haben. Er überlebte die schwierigen Jahre der Revolution und der Restauration und fand Anerkennung bei den rasch wechselnden Machthabern. Redouté illustrierte nahezu fünfzig botanische Bücher, veröffentlichte jedoch selbst keine Pflanzenbeschreibungen und legte auch kein Herbarium an. Einige Belege aus dem Garten von Malmaison, die als Vorlage für seine Zeichnungen dienten, befinden sich heute in Paris. Er starb am 20. Juni 1840, fast 81 Jahre alt, und wurde auf dem Friedhof Père Lachaise in Paris beigesetzt.

ROSEN IN DER BOTANIK

Die Rosengewächse bilden eine große Familie holziger und krautiger Pflanzen. Die Familie hat eine fast kosmopolitische Verbreitung, zeigt aber einen Verbreitungsschwerpunkt in den gemäßigten Gebieten der nördlichen Halbkugel. Zu ihr gehören viele geschätzte Fruchtbäume und -sträucher: Apfel-, Kirsch-, Pflaumen- und Pfirsichbäume, Himbeeren, Brombeeren und Erdbeeren. Es gibt laubabwerfende und immergrüne Bäume, Sträucher und Kräuter, aber kaum Lianen und keine Wasserpflanzen.

Als wichtige morphologische Merkmale gelten wechselständige, einfache oder zusammengesetzte Blätter, die meist Nebenblätter tragen.

DIE ROSEN 9

2

DIE GATTUNG DER ROSEN

Die Gattung *Rosa* L. umfaßt hundert bis zweihundert Arten, je nach Auffassung der Autoren. Die Abgrenzung der Arten, über die die Meinungen der Botaniker oft weit auseinandergehen, ist sehr schwierig, da die Arten sehr variabel sind und leicht hybridisieren, das heißt, sich leicht kreuzen.

Rosen sind sommergrüne, seltener immergrüne, aufrechte oder kletternde Sträucher. Sie haben natürlicherweise nicht nur einen Stamm, sondern mehrere Sproßachsen, die sich in mittlerer Höhe verzweigen. Ihre Triebe sind meist mehr oder weniger stachelig und borstig. Diese Stacheln sind spitze, stechende Auswüchse des Rindengewebes, weshalb sie im Gegensatz zu Dornen leicht abzubrechen sind. Sie dienen als Haftorgane und sind zur sicheren Bestimmung einer Art sehr wichtig. Weitere Formen der Bewehrung sind weiche, biegsame Stachelborsten, Drüsenborsten, die an ihrer Spitze eine kugelige Drüse haben, und Stieldrüsen.

Die Blätter sind wechselständig, unpaarig gefiedert, das heißt, sie tragen ein endständiges Teilblatt und Nebenblätter. Selten sind die Blätter einfach, wie zum Beispiel bei der Persischen Rose. Die Nebenblätter bilden kleine blattartige Gebilde zu beiden Seiten der Blattbasis und sind meist mit dem Blattstiel verwachsen. Die Blüten stehen einzeln oder in Doldenrispen an den Enden kurzer Seitenzweige. Wildrosen haben ein- bis dreiblütige, seltener fünfblütige Blütenstände, Gartenrosen können große traubige oder rispige Blütenstände mit bis zu hundert Blüten an einem Trieb tragen. Eine einzelne Blüte hat natürlicherweise fünf Kelch-, fünf Kron-, zahlreiche Staubblätter und viele Stempel. Gefüllte Gartenformen entstehen durch Umwandlung von Staubblättern und auch der Griffel zu kronblattartigen Gebilden. Gartenrosen mit fünf bis zehn Kronblättern werden noch als einfach bezeichnet, solche mit zehn bis zwanzig Kronblättern gelten als halbgefüllt und solche mit mehr als zwanzig Kronblättern als gefüllt.

Der Kelch, genauer gesagt der Kelchbecher, ist ein relativ langes, röhriges Achsenstück zwischen dem Fruchtknoten und den übrigen Blütenorganen. Die einzelnen Kelchblätter weisen Merkmale auf, die das Identifizieren einer Art oder Sorte erleichtern. Zur Bestimmung ist aber nicht nur ihre Form (zum Beispiel einfach oder fiederspaltig) und ihre Größe (vor allem im Verhältnis zu den Kronblättern) wichtig, sondern auch ihre Dauer während der Fruchtreife und ihre Stellung (aufgerichtet oder nach unten gebogen). Die fünf Blütenblätter der Wildrosen sind meist breitrund, rund oder breit verkehrteiförmig, an der Basis haben sie eine kleine Ansatzstelle, die in der Botanik Nagel genannt wird. Der obere Rand der Blütenblätter kann rund oder mehr oder weniger herzförmig eingeschnitten sein, so wie es auf vielen Darstellungen Redoutés zu erkennen ist. Die Blütenfarbe variiert von Weiß über Rosa zu Rot, in Asien treten auch gelbblütige Wildarten auf. Blau kommt in der Natur nicht vor. Die Frucht bildet sich aus dem Kelchbecher, sie wird allgemein Hagebutte genannt.

Eine wichtige Unterteilung der Gattung ist die Unterscheidung von zwei Untergattungen: Subgenus *Hulthemia* Focke zeichnet sich durch einfache Blätter, ohne Nebenblätter und einzeln stehende gelbe Blüten aus, vgl. *Rosa persica* Michaux (S. 30); Subgenus *Eurosa* Focke schließt die typischen Rosen mit gefiederten, Nebenblätter tragenden Blättern ein (S. 29, 31 bis 197). Die Bestimmung der einzelnen Rosenarten, auch der Wildarten, ist nicht einfach und erfordert ein vollständiges Untersuchungsmaterial.

DIE DURCHWACHSENE ROSE

Die Erscheinung des Durchwachsens von Blüten wird heute Prolifikation genannt. Es handelt sich um eine Mißbildung, besonders um die zentrale oder seitliche Durchwachsung von Blüten, aber auch von Blütenständen oder Früchten. Die mannigfaltige Abwandlung der Pflanzengestalt in ih-

2 | Verbreitung der Gattung *Rosa* L.

3 | JOHANN WOLFGANG VON GOETHE (1749–1832)
   Die durchwachsene Rose
   Weimar, Stiftung Weimarer Klassik

rem Zusammenhang zu erfassen, hat sich erstmals Johann Wolfgang von Goethe (1749–1832) bemüht. Er prägte hierfür 1796 das heute noch im gleichen Sinne benutzte Wort »Morphologie«. Seine Beobachtungen richteten sich also vor allem auf die Gestalt der Pflanzenteile und ihre Abwandlungen, während er die Funktion der Pflanzenteile als Organe eher unbeachtet ließ. Er verfolgte die Idee einer »übersinnlichen Urpflanze« mit ursprünglicher Identität aller Pflanzenteile; er notierte sich als Hypothese den oft zitierten Satz: »Alles ist Blatt«. Für Goethes Theorie der Metamorphose der Pflanzen war die Durchwachsung von Pflanzenteilen ein besonders wichtiges Beweisstück. Er beobachtete diese Erscheinung zuerst bei einer Monatsrose (*Rosa chinensis* Jacq. var. *semperflorens* Koehne). Später sah er durchwachsene Rosen bei verschiedenen Rosenarten, nicht aber bei der Zentifolie; er stellte auch ein Verzeichnis anderer, sogenannter proliferierender Pflanzen zusammen, darunter finden sich zum Beispiel Anemonen und Nelken. Der durchwachsenen Rose hat er in seiner *Metamorphose der Pflanzen* 1790 ein eigenes Kapitel gewidmet und durch ein sehr schönes Aquarell verdeutlicht (Abb. 3). Redouté hat drei durchwachsene Rosen gezeichnet (S. 148, 165 und 174).

VERBREITUNG DER WILDROSEN

Das natürliche Verbreitungsareal der heute lebenden Rosen liegt auf der nördlichen Halbkugel zwischen dem 20. und 70. Breitengrad. In den Tropen kommt die Gattung *Rosa* L. nicht vor, und auch auf der südlichen Halbkugel gibt es keine ursprünglichen Rosenarten. Das Areal der Gattung umfaßt somit ganz Europa, Nordamerika und Asien, mit Ausnahme der arktischen Gebiete im Norden und der tropischen Gebiete im Süden sowie einiger innerasiatischer Trockengebiete. Das Zentrum der Gattung dürfte in den Gebirgen Mittel- und Südwestasiens liegen, ebenso ist im atlantischen Nordamerika ein großer Formenreichtum zu finden. In Afrika kommen Rosen nur im äußersten Nordwesten und in Äthiopien vor (Abb. 2).

AMERIKANISCHE WILDROSEN

In Nordamerika wachsen im Gebiet der Vereinigten Staaten und Kanadas 20 Rosenarten, eine Art (*Rosa montezumae* Humb. & Bonpl., S. 44) dringt sogar bis nach Mexiko vor. Eine Rose mit sehr großem Verbreitungsgebiet in Amerika ist die Nadelrose (*Rosa acicularis* Lindley). Ein kleines Areal an der Südküste Alaskas nimmt die ostasiatische Kartoffelrose (*Rosa rugosa* Thunb., S. 40) ein, sie ist wohl die härteste aller Rosenarten. Rosen kommen ebenfalls in Kalifornien, in der Sierra Nevada, aber auch in den Rocky Mountains vor. Hier ist noch die Prärierose (*Rosa setigera* Michaux, S. 177) zu nennen, die vom Atlantik bis zu den Rocky Mountains verbreitet ist und viel zur Züchtung winterharter Kletterrosen verwendet wurde. Im Süden, in Texas, Oklahoma und Arkansas, wächst die *Rosa foliolosa* Nutét., die sowohl sehr winterhart als auch sehr widerstandsfähig gegen Dürre ist; im Nordosten trifft man auf die Eschenrose (*Rosa blanda* Aiton, S. 46), die viele Ausläufer treibende Wiesenrose (*Rosa carolina* L., S. 56) und auf die natürlicherweise stets in Sümpfen wachsende Sumpfrose (*Rosa palustris* Marshall, S. 63) sowie auf die Glanzrose (*Rosa virginiana* Herrm., S. 39).

ASIATISCHE WILDROSEN

Da das Verbreitungszentrum der Gattung *Rosa* L. in Mittelasien zu finden ist, lassen sich die asiatischen Rosen nicht mit wenigen typischen Beispielen beschreiben. Es gibt aber Artengruppen, die nur oder fast ausschließlich in China auftreten, wie zum Beispiel die Gruppe der Bengalrosen, die Gruppe der Banksrosen, die Gruppe der Glatten Rosen oder die Gruppe der Macartney-Rosen.

Die Chinesische Rose oder Bengalrose (*Rosa chinensis* Jacq., S. 163, 173 und 189) wächst in Strauchformationen und an Flußufern. Die nur in den mildesten Gebieten winterharte Banksrose (*Rosa banksiae* Aiton fil., S. 104) ist ein immergrüner Strauch mit stachellosen Stämmen; die drei- bis fünfteiligen fein gesägten Blätter tragen borstenförmige Nebenblätter, die abfallen. Die Cherokee-Rose (*Rosa laevigata* Michaux, S. 123) ist eine

DIE ROSEN 11

4

5

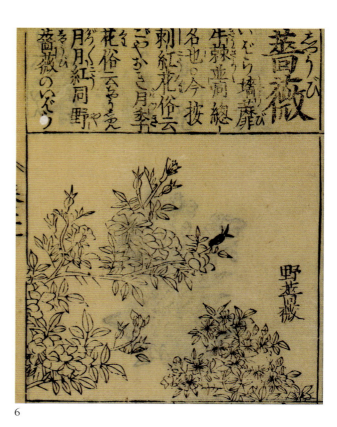
6

starkwüchsige, immergrüne Kletterrose mit dicken, hakenförmigen Stacheln; in China tritt sie vor allem an felsigen Plätzen auf, in Japan ist sie nur in Kultur bekannt. Die immergrüne Macartney-Rose (*Rosa bracteata* Wendl., S. 34) zeigt als wichtiges Bestimmungsmerkmal einen von großen Hochblättern umgebenen Kelch; der populäre Pflanzenname stammt von Lord Macartney, der diese Rose 1793 aus China nach England brachte.

Die *Rosa clinophylla* Thory (S. 38) aus Indien und Ostbengalen ist besonders an tropisches Klima angepaßt. Die übrigen asiatischen Rosenarten kommen hauptsächlich in den Niederungen, aber auch auf Hochebenen vor. Einige Arten steigen bis zur Schneegrenze auf, andere wachsen auf Sanddünen in Küstennähe. Sie gedeihen in offenem Gelände, auf Felsen und an den Abhängen von Schluchten.

Unter den ostasiatischen Rosen sind auch zwei japanische Arten zu nennen, die heute als Kulturrosen eine Rolle spielen. Die Vielblütige Rose (*Rosa multiflora* Thunb., S. 116) ist ein ein bis drei Meter hoher, dicht verzweigter, kletternder, oft unbewehrter Strauch, der viel zu Kreuzungen verwendet wurde. Die Kartoffelrose (*Rosa rugosa* Thunb., S. 40) ist ein ein bis zwei Meter hoher Strauch mit dicken, filzigen, stark stacheligen und borstigen Stämmen; von ihr gibt es heute in Europa viele verschiedene Sorten.

Aus Persien und Kleinasien stammt die gelbblütige Fuchsrose (*Rosa foetida* Herrm., S. 51), deren Blüten stark nach Wanzen riechen und die für die Entstehung der gelb- und orangefarbenen Gartenrosen wichtig wurde. Möglicherweise stammt auch die Moschusrose (*Rosa moschata* Herrm., S. 33) aus diesem Gebiet, die als Eltern vieler Strauchrosen Verwendung fand.

EUROPÄISCHE WILDROSEN

Auch wenn Europa nicht den Formenreichtum Asiens oder Nordamerikas vorweisen kann, so treten hier innerhalb der Gattung *Rosa* L. dennoch viele Arten auf. In *Flora Europaea* werden 47 Rosenarten beschrieben; sie lassen sich zu drei Gruppen zusammenfassen: die Gruppe der Essigrosen, die Gruppe der Bibernellrosen und die Gruppe der Hundsrosen.

In Europa sind Rosen in der Regel Hügel- und Bergpflanzen, sie bedürfen der Nähe des Waldes und nährstoffreicher, feuchter Standorte. In der Schweiz treten die eigentlichen Bergrosen zum Beispiel nur in der Tannenregion auf, ohne tiefer zu steigen. Die Essigrose (*Rosa gallica* L., S. 170) ist in lichten Laubwäldern und auf trockenen Wiesen, vorwiegend auf Kalk, anzutreffen. Die Bibernellrose, auch Dünenrose oder Stachelige Rose genannt (*Rosa pimpinellifolia* L., S. 58), gedeiht als niedriger, dicht wachsender Strauch mit nadelförmigen Stacheln auf Dünen in Küstennähe; sie kann aber auch im Inland auf Kalk- und Gipshügeln vorkommen. Die Hundsrose (*Rosa canina* L.) ist sehr formenreich und wächst an Waldrändern und in Gebüschen. Zirkumpolare Verbreitung zeigt eine besonders frostharte Art, die Nadelrose (*Rosa acicularis* Lindley).

KRÄUTERBÜCHER UND DIE ANFÄNGE DER SYSTEMATIK

Als das geozentrische Weltbild durch das heliozentrische abgelöst wurde, erlebte die Botanik eine grundlegende Erneuerung: Drei deutsche Gelehrte, Otto Brunfels (1488–1534), Hieronymus Bock (1498–1554) und Leonhart Fuchs (1501–1566), stellten Pflanzen in sogenannten Kräuterbüchern zusammen und ließen sie mit naturgetreuen Holzschnitten illustrieren. Das *Contrafayt Kreuterbuch* (1532) von Brunfels enthält nur eine einzige Rosenabbildung, wahrscheinlich handelt es sich hierbei um eine Damaszenerrose (*Rosa* × *damascena* Miller). Bocks *New Kreütterbuch*... erschien 1539 noch ohne Darstellungen von Pflanzen, die dann aber in die zweite Auflage von 1546 Eingang fanden. Er unterscheidet »Wild Heckrosen/ Hanbüttel« von »zam garten Rosen«, darunter sechs verschiedene Gartenrosen, allerdings wird der gleiche Holzschnitt beiden Kapiteln zugeordnet; dagegen sind seine Angaben zur Heilwirkung der Rose sehr ausführlich.

Fuchs' *De historia stirpium* (1542), die 1543 in deutscher Fassung unter dem Titel *New Kreüterbuch* erschien, gehört zu den bedeutendsten Werken der botanischen Literatur (Abb. 4). Der fast 900seitige Band enthält

4 | LEONHART FUCHS: *NEW KREÜTERBUCH*, 1543
Eichstätt, Seminarbibliothek

5 | LEONHART FUCHS: *NEW KREÜTERBUCH*, 1543
CCCLXIIII: Rosa gallica
Eichstätt, Seminarbibliothek

6 | TEKISAI NAKAMURA: *KINMÔZUI*, 1668
Ibara
München, Staatsbibliothek

7 | JOHN LINDLEY: *ROSARUM MONOGRAPHIA*, 1820
Rosa carolina L.
London, Natural History Museum

7

511 Holzschnitte, den Abbildungen einer Pflanze wird jeweils eine ganze Seite zugestanden. Von den beschriebenen Pflanzen stammen ungefähr hundert aus Gärten, die übrigen sind Wildpflanzen. So unterscheidet Fuchs auch innerhalb seines Kapitels »Von Rosen« die wilden (wildwachsenden) und die zahmen (Garten-) Rosen: »Der Rosen seind zweyerley geschlecht fürnemlich zam und wild. Der zamen so man in den gärten pflantzt seind auch zweyerley weiß un rot: und derselben auch zweyerley gefüllt un ungefüllt.«

Die allgemeine Beschreibung der Rosen mit ausführlichem Kommentar zu »Krafft und Würckung« ist nur mit einer Abbildung der Essigrose (*Rosa gallica* L.) illustriert. Diese Darstellung zeigt verschiedene Varietäten oder Sorten an der gleichen Pflanze, es kommen ungefüllte und gefüllte Blüten vor. Auf dem kolorierten Holzschnitt sind sie rot, die gleiche Pflanze zeigt aber zusätzlich noch eine hellrosa gefärbte Blüte (Abb. 5).

Die Werke dieser drei deutschen Botaniker wirkten anregend auf die gesamte europäische Botanik; es erschien eine Flut von Kräuterbüchern. Seit dem 16. Jahrhundert bestand das Hauptanliegen der Botaniker darin, die Mannigfaltigkeit der Pflanzenwelt in ein System zu bringen und überschaubar zu machen, zugleich sollten die einzelnen Arten auf knappe Weise eindeutig zu benennen sein. Besonders Caspar Bauhin (1560–1624) war die Eindeutigkeit der Namensgebung ein besonderes Anliegen. In seinem *Pinax theatri botanici*, 1623, lieferte er eine Übersicht aller bekannten Pflanzenarten (ca. 6000), darunter 37 Rosen; dieses Werk enthält keine Abbildungen. Hier wird erstmals die Unterscheidung von Gattung und Art konsequent durchgeführt. Seine Gruppe »Rosa« hat er in Gartenrosen (*Rosa sativa*) und Wildrosen (*Rosa sylvestris*) eingeteilt, dazu als dritte Gliederung die »Rosa Hierichuntia«, eine Rose von Jericho, gestellt. Diese ist aber keine Rose, sondern eine Pflanze aus der Familie der Kreuzblütler. Er nennt 17 Gartenrosen und 19 Wildrosen. Bei allen Arten führt Bauhin auch die älteren Pflanzennamen auf. Eine bedeutende Rosenaufzählung findet sich dann auch in dem Werk *Paradisi in sole paradisus terrestris* (1629) von John Parkinson (1569–1629), einem englischen Apotheker, mit dem folgenden Untertitel *Or a garden of all sorts of pleasant flowers which our English ayre will permitt to be nursed up*. Es werden 24 Rosensorten ausführlich beschrieben mit insgesamt 14 Abbildungen.

Die Namen Bauhins wurden von Carl Linné (1707–1778) fast durchweg übernommen, wie das Beispiel der Rosen zeigt. Linné schuf mit seinem Werk *Species plantarum*, 1. Aufl. 1753, die noch heute übliche binäre Nomenklatur, das heißt, die zweigliedrigen Pflanzennamen aus substantivischem Gattungsnamen, zum Beispiel *Rosa*, und adjektivischem Artnamen, zum Beispiel *canina* (*Rosa canina* L. – Hundsrose), und ersetzte damit die bis dahin üblichen langen sogenannten Phrasen, zum Beispiel »Rosa sylvestris vulgaris, flore odorato incarnato« von Bauhin für dieselbe Pflanze. Dabei steht das L. als Abkürzung für den Autorennamen, hier Linné, der den Pflanzen den wissenschaftlichen Namen zugeordnet hat. In seiner Gattung *Rosa* faßte Linné zwölf verschiedene Arten zusammen, zehn aus Europa und jeweils eine aus Amerika und Asien. Nach internationaler Übereinkunft gilt jeweils der älteste Name einer Pflanze.

ROSEN IN EINEM OSTASIATISCHEN KRÄUTERBUCH
Als Beispiel eines fernöstlichen Werkes soll hier ein frühes japanisches naturkundliches Werk erwähnt werden, nämlich die naturkundliche Enzyklopädie des neokonfuzianischen Gelehrten Tekisai Nakamura (1629–1702) *Kinmôzui* von 1666, die früh nach Europa gelangte. Enzyklopädische Wörterbücher haben eine lange Geschichte in Japan und die ersten entstanden, als die Japaner sich mit der chinesischen Kultur vertraut machten. Das erwähnte Werk enthält in mehreren Bänden viele Bilder naturkundlichen Interesses wie Vögel, Mineralien und ungefähr 250 Pflanzen, darunter Rosen. Jedem Holzschnitt sind das chinesische Schriftzeichen sowie japanische Synonyme zugefügt. Die Darstellung zeigt wie in den europäischen Kräuterbüchern die Unterscheidung von einer Wildrose (unten links) und einer Gartenrose (Abb. 6).

DIE ROSEN 13

8

ROSEN IN FRÜHEREN EUROPÄISCHEN TAFELWERKEN

Im 19. Jahrhundert entstanden zur Gattung der Rosen weitere Tafel- und Prachtwerke als luxuriös ausgestattete pflanzenkundliche Exemplare mit zahlreichen großformatigen Abbildungen. So erschien in Deutschland ein zweibändiges Tafelwerk von Carl Gottlob Roessig, Professor für Natur- und Völkerrecht in Leipzig und gartenwirtschaftlicher Schriftsteller (1752–1805), *Die Rosen, nach der Natur gezeichnet …* (1802–1820), das jedoch in der Botanik kaum Beachtung fand. Zu Anfang des 19. Jahrhunderts veröffentlichte Henry C. Andrews (1770–1830), ein englischer Botaniker und Pflanzenmaler, eine Monographie der Gattung *Rosa*, *Roses,…* (1805–1828). Nach eigenen Zeichnungen fertigte er die Druckstöcke an, so wie es Redouté für sein Werk über die sukkulenten Pflanzen getan hatte. Die beiden Bände enthalten 129 Kupferstiche, darunter die erste Teerose, die dort 1810 unter dem Namen *Rosa indica odorata* veröffentlicht wurde.

Das botanisch wohl relevanteste Rosenwerk schrieb John Lindley (1799–1865), ebenfalls englischer Botaniker, der 40 Jahre lang Sekretär der Royal Horticultural Society in London war und mehrere botanische Schriften verfaßte. Er galt als bedeutender Wissenschaftler mit ausgezeichneten zeichnerischen Fähigkeiten; daneben hatte er lebhaftes Interesse an gärtnerischer Züchtung. Seine Monographie *Rosarum Monographia or a botanical history of roses* (1820) enthält hundert Rosenbeschreibungen, in denen er auf die einzelnen Pflanzenteile ausführlich eingeht; neunzehn Rosen illustriert er durch eigene Zeichnungen, so unter anderem die Wiesenrose aus Amerika (*Rosa carolina* L., Abb. 7, auch S. 56). Bei einigen Rosen verweist er auf die bereits bekannte Abbildung Redoutés. Lindleys Publikation wurde für die folgenden 150 Jahre als Referenz verwendet, auch wenn in diesem Werk nicht alle Rosen eindeutig zu bestimmen sind.

ROSEN IN DER GARTENKULTUR

Im Gegensatz zu den bereits vorgestellten Wildrosen sind die Gartenrosen von Menschenhand und nicht von der Natur geformt, sie stellen ein gärtnerisches Züchtungsprodukt dar und werden zu Sorten oder Cultivaren zusammengefaßt.

Als Sorte bezeichnet man einen Bestand kultivierter Pflanzen, der sich durch besondere Merkmale auszeichnet und bei der Fortpflanzung seine sortentypischen Merkmale beibehält. Die Vielzahl der Rosensorten wird der besseren Übersicht halber in sogenannte Klassen eingeteilt, aber heute sind aufgrund der starken züchterischen Vermischung des Erbgutes der Rosen auch die übergeordnete Einteilung der Rosen in »Alte Gartenrosen«, »Moderne Gartenrosen« und die oben vorgestellten Wildrosen von Bedeutung. Innerhalb jeder Gruppe wird zwischen kletternden und nicht kletternden Rosen unterschieden.

Eine Rose wird als »Alte Rose« bezeichnet, wenn sie zu einer Rosenklasse im gärtnerischen Sinne gehört, die bereits vor 1867 bestand. Die ersten Züchtungen mit den im 19. Jahrhundert eingeführten asiatischen Arten gehören noch zu dieser Gruppe, somit sind alle von Redouté gezeichneten Gartenrosen als »Alte Rosen« zu bezeichnen. Erst mit der Einführung der ersten Teehybride 1867 spricht man von »Modernen Rosen«. In diesem Zusammenhang ist die Lebensdauer einer Rosensorte auch beachtenswert, das heißt, die Zeitspanne während der die Sorte im Handel angeboten wird. Sie ist im allgemeinen relativ kurz, nur die Alten Rosen sind oft schon über 150 Jahre alt. Sie wären längst ausgestorben, wenn nicht Rosarien und Liebhaber ihren Anbau trotz ihrer Schwächen, wie beispielsweise ihre kurze Blütezeit, pflegen würden. Heute bleiben die meisten Rosensorten kaum länger als fünf Jahre im Handel, bis sie von neueren, verbesserten Sorten verdrängt werden.

Als Kulturpflanzen erhalten die Rosensorten heute Namen auf drei Hauptrangstufen: Gattung, Art und Sorte (Cultivar), wobei Sorte die niedrigste Rangstufe darstellt. Während Gattungs- und Artnamen latinisiert werden, sollen Sortennamen lebenden Sprachen entnommen werden. Sie werden in einfache Anführungszeichen ('…') gesetzt.

14 DIE ROSEN

8 | SANDRO BOTTICELLI (1445–1510)
Geburt der Venus, um 1485
Florenz, Galleria degli Uffizi

ALTE ROSEN

Der Untergang Roms und seiner Kultur brachte auch die Rosenliebhaberei zum Erliegen. Außer in einigen Klostergärten dürfte es kaum noch Gartenrosen gegeben haben. Erst zur Zeit Karls des Großen (742–814) wurde ihre Anpflanzung, besonders als Heilpflanze, wieder gefördert. Als Zierpflanzen spielten die Rosen damals im Gegensatz zu Nelken und vor allem Tulpen nur eine untergeordnete Rolle. Während der Kreuzzüge kamen die Essigrose (*Rosa gallica* L.) und die Damaszenerrose (*Rosa* × *damascena* Miller) nach Mitteleuropa, und um 1300 war der Anbau von Rosen in Frankreich schon recht verbreitet. In der Renaissance erhielt der Rosenanbau großen Auftrieb, wie auch an den Gemälden jener Zeit zu erkennen ist. Besonders oft wird die Weiße Rose (*Rosa* × *alba* L.) wiedergegeben. Sie ist keine Wildart, sondern eine Hybride mit umstrittener Abstammung. Es ist unbekannt, wann diese Rose, zu der ungefähr 200 Sorten gezählt werden, in die Gartenkultur Eingang fand, sie ist aber seit der Zeit der Griechen und der Römer allgemein in Kultur. Die Weiße Rose war im Mittelalter weit verbreitet, besonders in der halbgefüllten Form (*Rosa* × *alba* L. 'Semiplena', S. 74).

Die Essig- oder Provinsrose wurde schon seit ältesten Zeiten in großen Teilen Europas heimisch und zur Gewinnung von Duftstoffen vor allem in Frankreich angepflanzt, namentlich die Apothekerrose (*Rosa gallica* L. 'Officinalis', S. 53) mit einfachen roten Blüten. Eine Sorte 'Versicolor' (S. 83) mit karminrot und weiß gestreiften Blütenblättern ist schon im *Hortus Eystettensis* (1613) abgebildet. Um 1670 begann die Kultur der Gallica-Rosen in Holland. 1811 hatte Josephine 167 Gallica-Sorten in ihrem Garten.

Damaszenerrosen (*Rosa* × *damascena* Miller) sind nach heutiger Meinung eine aus *Rosa gallica* L. und einer anderen Rose entstandene Naturhybride. Die Herkunft dieser Rose liegt im Dunkeln, wahrscheinlich kam sie im 13. Jahrhundert mit den Kreuzfahrern nach Mitteleuropa. Möglicherweise gehört aber auch die »Rose von Paestum« hierher. Paestum, südlich von Neapel gelegen, war im Altertum ein Zentrum der Rosenkultur und berühmt für seine Rosengärten. Unter den Damaszenerrosen gibt es einmalblühende (sommerblühende) und zweimalblühende (herbstblühende oder remontierende) Sorten (Sommer-Damaszenerrose: *R. gallica* L. × *R. phoenicia* Boiss., Herbst-Damaszenerrose: *R. gallica* L. × *R. moschata* Herrm.). Schon Plinius berichtete über die zweimal blühende Rose von Kyrene in Nordafrika. Aufgrund des günstigen Klimas in Nordafrika treten die Rosen im Januar / Februar und im Juli / August in einen Schein-Ruhezustand und bilden in den darauffolgenden Monaten Blüten aus. Sie wurden botanisch als *Rosa* × *bifera* Pers. beschrieben; in Frankreich wurden sie »Rose de Quatre Saisons« genannt (S. 69 und 76). 1811 gab es vier Sorten, 1848 werden schon 100 zweimalblühende Damaszenerrosen genannt. Diese herbstblühenden Rosen wurden schließlich mit anderen Rosen gekreuzt und ergaben die dauerblühenden Damaszenerrosen. Bevor die Züchtung mit dieser Rose begann, gab es schon eine zweifarbige Sorte (*Rosa* × *damascena* Miller 'Versicolor', S. 84), die unter dem Namen »York und Lancaster Rose« bekannter ist, da sie nach den englischen Rosenkriegen (1455–1485) erschien und in ihren Blüten die Farben der sich befehdenden Häuser York (Weiß) und Lancaster (Rot) vereinigte. Im Gegensatz zur verschiedenfarbigen Gallischen Rose zeigen die Blüten hier meist ganz rote und ganz weiße Blütenblätter in einer Blüte.

Zentifolien-Rosen (*Rosa centifolia* L.) sind heute komplexe Hybriden, die sich vom Ende des 16. Jahrhunderts bis zu Anfang des 18. Jahrhunderts allmählich entwickelt haben. Ihre ganze Entwicklung von 1710–1850 hat in Holland stattgefunden, wo ihre stark gefüllten Blüten durch Mutationen entstanden sind. Die Zentifolie ist auf vielen Gemälden der holländischen Meister zu erkennen. Hierher gehören auch die Moosrosen (*Rosa centifolia* L. 'Muscosa', S. 36 und 37), eine Sorte, die schon vor 1750 durch Mutation entstanden ist. Moos bezeichnet die Ausbildung von blattartigen Gebilden an den Kelchblättern, oft zusammen mit Stacheln und vor allem Öldrüsen.

DIE ROSEN   15

Die ersten Züchter waren Franzosen, die in der Umgebung von Paris durch die Kaiserin Josephine viele Anregungen erhielten. Die frühen Sorten wurden durch Wurzelabrisse, Ableger, Stecklinge und seltener durch Okulation vermehrt. Zu Beginn des 19. Jahrhunderts erzielte ein französischer Rosenzüchter erste neue Sorten aus künstlicher Bestäubung. Wie weit planmäßige Züchtung oder Nachzucht aus frei abgeblühten Rosen zwischen 1810 und 1860 vorliegt, läßt sich heute nicht mehr nachprüfen, nach 1860 wurden wohl nur noch bewußte Kreuzungen vorgenommen.

Abgesehen von einer beginnenden Entwicklung in Holland mit der Züchtung der Zentifolie erfolgte der Beginn der Rosenzüchtung erst nach der Einfuhr verschiedener Arten aus Asien. Die Einfuhr amerikanischer Rosen ist in diesem Zusammenhang unbedeutend, da eine Hybridisierung mit amerikanischen Wildarten keine konkurrenzfähigen Ergebnisse lieferte. Allerdings kam zu Anfang des 19. Jahrhunderts die sogenannte Noisette-Rose aus Nordamerika nach Paris (S. 121). Vermutlich handelt es sich hierbei um eine Naturhybride aus *Rosa chinensis* Jacq. und *Rosa moschata* Herrm., die Eltern sind also asiatischer Herkunft. Ein Exemplar der neuen Bengalrose (*Rosa chinensis* Jacq.) hatte Louis Noisette seinem Bruder Philippe nach Nordamerika geschickt, die neu entstandenen Samen und auch vermehrten Pflanzen sandte dieser wieder nach Paris zurück. Nur wenige Jahre nach ihrer Entstehung hatte diese Rose eine weite Verbreitung gefunden und wurde auch von Redouté in sein Rosenwerk aufgenommen.

EINFÜHRUNG DER ROSEN AUS ASIEN

Die Vorfahren nahezu aller Gartenrosen stammen aus Asien und ergaben durch Züchtung unsere heutigen Gartenrosen. Ohne sie gäbe es keine remontierenden, das heißt, wiederholt blühende Rosen, keine gelb blühenden Rosen und keine Kletterrosen.

Kanton war die einzige Stadt Chinas, die sich im 16. Jahrhundert dem Welthandel öffnete. 1684 errichteten die Engländer dort eine Niederlassung der Ostindischen Kompanie. Zahllose neue Pflanzen gelangten durch die Kompanie nach England; zudem unterhielten die Chinesen dort eine Baumschule, aus der viele Pflanzen nach Europa kamen. Auch im ausgehenden 18. und im 19. Jahrhundert wurden viele Rosen nach Europa exportiert, die meisten brachte aber erst Ernest H. Wilson (1876–1930), der von 1906–1919 China, Japan und Korea bereiste und viele wertvolle Pflanzen in die Gartenkultur einführte.

Die Chinesische Rose (*Rosa chinensis* Jacq.) ist aus zwei Gründen so wichtig für die Rosenzüchtung: zum einen aufgrund ihres wiederholten Blühens, zum anderen wegen ihrer roten Blütenfarbe. Vor der Einführung dieser Rose gab es in Europa keine Sorte mit einer so tiefroten Blütenfarbe, alle dunkelroten Rosen stammen von dieser Art ab. Die Monatsrose (*Rosa chinensis* Jacq. var. *semperflorens* Koehne, S. 41, 142 und 176) wurde 1789 von einem Engländer in einem Garten in Kalkutta entdeckt und nach Europa gebracht, sie wurde 1798 von Cels und Thory in Paris in Kultur genommen. Auch Goethe kannte diese Rose und beobachtete an ihr die Prolifikation.

Die Teerose (*Rosa* × *odorata* Sweet, S. 47) ist sehr nah mit der Chinesischen Rose verwandt, hat aber größere, stärker duftende, halbgefüllte, gelblich bis aprikosengelbe Blüten und wurde schon in China in Kultur gefunden. Der Duft ihrer Blüten- und ihrer zerriebenen Laubblätter soll sehr stark an zerriebene Teeblätter erinnert haben; die später entwickelten Sorten haben den Duft verloren, aber der Name hat sich bis heute erhalten. Sie wird als Hybride von *Rosa chinensis* Jacq. und *Rosa gigantea* Coll. angesehen.

Ein wichtiger Umschlagplatz für französische Schiffe auf dem Weg in den Nahen und Fernen Osten war die »Ile de Bourbon«, heute Réunion, im Indischen Ozean. Hier soll ein Botaniker in einer Rosenhecke, in der Chinesische und Damaszenerrosen zusammengepflanzt waren, eine neue Hybride entdeckt haben. Er brachte sie 1819 nach Frankreich, und aus ihrem Samen entwickelte sich eine neue Rose mit halbgefüllten rosa Blüten und einem zweiten Flor im Herbst. Sie wurde Bourbonrose (*Rosa* × *borboniana* N. Desp., S. 196) genannt und 1822 von Redouté gemalt.

9 | STEFAN LOCHNER (1405/15–1451)
Muttergottes in der Rosenlaube, um 1450
Köln, Wallraf-Richartz-Museum

MODERNE ROSEN

Als Bindeglied zwischen Alten und Modernen Rosen gelten die öfter blühenden Remontant-Rosen. Sie entfachten in der zweiten Hälfte des 19. Jahrhunderts ein wahres Züchtungsfieber. Ihre Abstammung ist schwierig zu erklären, da zu ihrer Entstehung alle wichtigen Gruppen von Gartenrosen beigetragen haben. Die größte Gruppe der modernen Gartenrosen bilden die Teehybriden, von der seit Ende des 19. Jahrhunderts bis heute mehr als 6000 Sorten gezüchtet wurden. Durch die fortgesetzte Kreuzung, Inzucht und Verfolgung bestimmter Zuchtziele degenerierten die Teehybriden aber erheblich, besonders durch Einkreuzung der Fuchsrose (*Rosa foetida* Herrm., S. 51), die zwar die Farbskala um gelbe und orangerote Töne erweiterte, aber die Widerstandsfähigkeit der Rosen gegenüber Krankheiten beträchtlich verminderte.

Später veränderten die Erkenntnisse Gregor Mendels (1822–1884) zur Vererbungslehre die Arbeit der Rosenzüchter. Auf der Suche nach Mendels »Erbfaktoren« kam man auf die Chromosomen, und heute ist die Gattung *Rosa* L. eine der zytologisch am besten untersuchten Pflanzengruppen. Die erweiterten Kenntnisse der Zytologie revolutionierten die Züchtung von Rosen in dem Maße, daß ihre Zahl heute 12 000 übersteigt und alljährlich neue Sorten hinzukommen. Sie werden in verschiedene Gruppen eingeteilt, von denen hier nur die wichtigsten namentlich erwähnt werden sollen: Grandiflora-Rosen, Polyantha-Rosen, Floribunda-Rosen, Miniaturrosen und Kletterrosen verschiedener Herkunft. Alle diese neuen Rosensorten haben sich jedoch von den Rosen Redoutés weit entfernt.

ROSEN IN DER ARZNEIMITTELKUNDE

Rosen wurden und werden sowohl im Okzident als auch im Orient zur Herstellung von Heilmitteln verwendet. In der chinesischen Medizin finden sich heute vor allem die Kartoffelrose (*Rosa rugosa* Thunb., S. 40) und die Vielblütige Rose (*Rosa multiflora* Thunb., S. 116); getrocknete Blütenblätter der ersteren sind auch bei uns in vielen Apotheken erhältlich. Während in der traditionellen chinesischen Medizin eher die Vielblütige Rose gegen Überhitzung, trockenen Mund, übermäßigen Durst, Malaria, Durchfall und äußerliche Blutungen angewendet wurde, wird heute der Kartoffelrose der Vorrang gegeben. Außerdem liefert die Cherokee-Rose (*Rosa laevigata* Michaux, S. 123) ein Heilmittel als Antispermatorroikum.

In Ägypten standen die Rosen im Ruf eines Universalheilmittels; die begehrten Rosenprodukte, wie zum Beispiel Rosenwasser, mußten aus Kreta oder Zypern, wo es große Rosengärten gab, eingeführt werden. Schon zur Zeit der Ptolemäer und unter der Herrschaft der Römer gab es vor allem in Unterägypten bekannte Rosengärten; man bereitete aus den Rosen Rosenwasser und Rosenbalsam.

Bereits Theophrastos (371–287 v. Chr.) erwähnte in seiner *Naturgeschichte der Gewächse* Rosen, und Dioskurides (1. Jahrhundert n. Chr.) widmete in seiner fünfbändigen *Heilmittellehre* ein ausführliches Kapitel der Gartenrose. Rosen wirken kühlend und adstringierend, Rosenheilmittel helfen bei Kopfschmerzen, Augen-, Ohren-, Zahnfleisch-, After- und Mundschmerzen. Auch Plinius der Ältere (23–79 n. Chr.), der einzige naturwissenschaftliche Schriftsteller der Römer, betont in seiner *Naturgeschichte* die Heilkraft der Rosen. Er empfiehlt sie gegen Milzleiden, Blähungen, Darmkrankheiten und Brustfellentzündungen. In der Medizin der Araber spielten Rosenzubereitungen ebenfalls eine bedeutende Rolle, wie auch Avicenna (980–1037) berichtete. An anderer Stelle wird sogar die Herstellung von Rosenwasser in verschiedenen Kapiteln beschrieben.

Vorreiter für Europa wurde die Schule von Palermo im 12. Jahrhundert, der die Erfindung des noch heute gebräuchlichen Rosensirups zu verdanken ist, der gegen Fieber, Schnupfen und Kopfschmerzen hilft. Nördlich der Alpen wurden Rosen als Nutzpflanzen und nicht als Zierpflanzen in Klostergärten und kleinen Arznei- oder Gewürzgärten angepflanzt. So sind Rosen aus dem Klostergarten von St. Gallen (820) überliefert, und auch W. Strabo (809–849), Abt des Klosters Reichenau am Bodensee, berichtete von der Rose. Rosenpräparate wurden besonders von der Heiligen

DIE ROSEN 17

10

Hildegard von Bingen (1098–1179), Äbtissin des Klosters aus dem St. Ruprechtsberge bei Bingen, empfohlen: »Die Rose ist kalt, aber diese Kälte hat ein nützliches Prinzip in sich. Sammle Rosenblätter bei Tagesanbruch und lege sie über die Augen, sie machen dieselben klar und ziehen das ›trieffen‹ heraus.«

Die Kräuterbuchautoren des 16. Jahrhunderts übernahmen die vielseitigen Indikationen von Dioskurides und übertrugen sie auf die Gartenrosen der Zeit. Eine Sorte der Essigrose (*Rosa gallica* L. 'Officinalis', S. 53), auch Apothekerrose genannt, war die verbreitetste Rose zur Herstellung von Arzneimitteln. Diese halbgefüllte, karminrote, sehr wohlriechende Rose wurde nachweislich schon 1310 in Frankreich kultiviert, und Provins, eine Ortschaft südöstlich von Paris, galt über 600 Jahre lang als Zentrum ihrer Kultur.

Auch im Mittelalter und der frühen Neuzeit stellten die Apotheker verschiedene aus Rosen hergestellte Heilmittel her. Rosenblüten halfen dabei gegen Augenentzündungen, als Laxans sowie bei Gallenleiden, und Rosenessig, der aus getrockneten, in Weinessig eingelegten Blütenknospen der Apothekerrose gewonnen wurde, wirkte gegen Müdigkeit und Ohnmacht. Rosenpulver wurde aus getrockneten und zerriebenen Blütenblättern der Apothekerrose hergestellt, und Rosensamen, womit eigentlich die Nußfrüchtchen gemeint sind, galten als Wurmmittel. Gegen Schlaflosigkeit wurde Rosenschwamm eingesetzt, eine Tinktur aus getrockneten, durch den Stich der Rosen-Gallwespe hervorgerufene Wucherungen (Gallen) an den Zweigen der Hundsrose; diese Gallen wurden auch Schlafäpfel genannt. Rosenwasser aus den Blüten der Zentifolie und der Essigrose diente als Geschmacks- und Geruchskorrigens einer Medizin. Rosenwurzelrinde von der Hundsrose wirkte gegen den Biß toller Hunde und schließlich Rosenzucker aus den Blüten der Zentifolie und der Essigrose als abführendes und fieberkühlendes Mittel. Das bedeutendste Heilmittel war jedoch sicherlich das Rosenwasser, das schon im 8. und 9. Jahrhundert als ein wichtiger Handelsartikel galt und erst später durch Rosenöl abgelöst wurde. Die frischen Früchte der Hundsrose werden in der Medizin als Diuretikum, Refrigerans und mildes Adstringens verwendet. Sie sind auch ein wertvoller Vitamin-C-Träger und werden gerne zu Tee und Marmelade verarbeitet.

ROSENDUFT

Seit der Antike hat man versucht, den Duft der Rosenblüten einzufangen, um ihn den Menschen nutzbar zu machen. Mit Ölen und Fetten ausgezogen, ergaben ihre Blütenblätter parfümierte Salben. Die Isolierung des reinen ätherischen Öles gelang jedoch erst nach der Erfindung der Wasserdampfdestillation durch die Araber. Heute ist eine Sorte der Damaszenerrose (*Rosa* × *damascena* Miller 'Trigintipetala') die wichtigste Ölrose. Um 1700 brachten die Türken die Ölrosenkultur zum Balkan. Nur in Bulgarien, im Norden Thraziens, im »Tal der Rosen«, breitete sich eine Ölrosenkultur aus. Die Produktion des »Bulgarischen Rosenöls« im anatolischen Hochland der Türkei überflügelt aber heute diejenige des Ursprungslandes. Dort herrschen auf einer Höhe von 1000 m besonders günstige ökologische Bedingungen für den Anbau der Damaszenerrose. Das »Bulgarische Rosenöl« findet in der Pharmazie und Medizin, aber auch in der Parfümerie und Kosmetik Verwendung. In Südfrankreich und Marokko wird durch Wasserdampfdestillation aus der Zentifolie ein ätherisches Öl mit ähnlicher Zusammensetzung wie das »Bulgarische Rosenöl« hergestellt, es unterscheidet sich aber im Geruch. In der Parfümstadt Grasse in Südfrankreich wird dagegen eine Hybride aus der Zentifolie und der Essigrose verwendet. Seit dem 13. Jahrhundert spielt Rosenwasser auch in der Küche eine Rolle, zum Würzen von Saucen, Suppen oder Ragouts. Marzipan und andere Konditorwaren werden noch heute mit Rosenwasser zubereitet, es dient ferner als Zusatz für manche Kräuterliköre.

ROSEN IN DER KUNST

Aufgrund von Schönheit, Duft und Vergänglichkeit steht die Rose allgemein in Beziehung zu den drei Bereichen Liebe, Tod und Paradies. Dem

10 | JAN VAN HUYSUM (1682–1749)
Blumenstilleben
Leipzig, Museum der Bildenden Künste

11 | QUENTIN MASSYS (1465/66–1530)
Porträt eines Notars, um 1510
Edinburgh, National Gallery of Scotland

11

Mythos nach aus dem Blute des sterbenden Adonis erwachsen, wurde sie zum Sinnbild der Aphrodite; auch bei den Römern ist sie der Liebesgöttin zugeordnet. Obwohl die Rose schon in der frühen griechischen Dichtung wie zum Beispiel den Naturliedern Sapphos als »Königin der Blumen« besungen wird, scheint die darstellende Kunst ihr weniger Interesse entgegengebracht zu haben. Dem naturalistischen Ornament in der minoischen und mykenischen Kunst folgt die Umprägung von individuellen Motiven wie der Rose zu streng stilisierten Pflanzenformen, beispielsweise die Rosette. Eine deutliche Rosenknospe läßt sich aber zum Beispiel auf Münzen aus Rhodos erkennen.

Von Griechenland aus sind die Rosen früh nach Rom gekommen, vom 3. Jahrhundert v. Chr. bis zum Niedergang des römischen Reiches erscheinen sie in der Literatur häufig, außerdem spielen sie im Totenkult eine wichtige Rolle. In der frühchristlichen Kunst finden sich Rosen in Mosaiken und auf Fresken der Katakomben. Als die christliche Kirche sich in Europa ausbreitete, entwickelte sich die Rose, die früher Symbol der Venus war, zum Symbol der Märtyrer und der Passion. Zu römischer Zeit sind die Rosen dann so allgemein dargestellt worden, daß ihre Identifizierung nicht möglich ist. Im Mittelalter wird die Rose zum Inbegriff der Minne sowie der geistlichen und weltlichen Schönheit. Sie entwickelt sich damit zum bevorzugten Mariensymbol; die weiße Rose steht für ihre Sittsamkeit, die rote für ihre Liebe.

Diese Bedeutungsebenen werden von den Künstlern in verschiedenen Bildfindungen thematisiert: als stehende Madonna mit Rosenstock oder Rosenzepter sowie im rosenbewachsenen Hortus conclusus, woraus im 15. Jahrhundert der Bildtypus der vor einem Rosenspalier sitzenden Madonna erwächst. In den Andachtsbildern *Muttergottes in der Rosenlaube* (Abb. 9) des bedeutendsten Malers der Kölner Schule Stefan Lochner (1405/15–1451) und Martin Schongauers (1445–1491) *Maria im Rosenhag* wird diese Symbolik besonders deutlich; Schongauers Gemälde weist zwei verschiedene Rosen auf, die weiße, halbgefüllte Rose ist *Rosa × alba* L.

'Semiplena', die rote ist als *Rosa gallica* L. zu deuten. Als Symbol der Verschwiegenheit stehen über Beichtstühlen in Holz geschnitzte oder in Stein gehauene Rosen, woher der Ausdruck »sub rosa« rührt, diese Symbolik verdeutlicht auch das *Porträt eines Notars* (Abb. 11) von Quentin Massys (1465/66–1530).

Etwa seit dem 15. Jahrhundert kommen Rosendarstellungen in der italienischen Kunst häufiger vor, zudem wurden die Rosen immer genauer gemalt. Man kann heute drei Rosen auf den Gemälden erkennen: die rote einfache Essigrose, die weiße gefüllte Weiße Rose und die rosa gefärbte gefüllte Weiße Rose. Als Beispiel sei hier ein Gemälde des florentinischen Malers Sandro Botticelli (1445–1510) angeführt: *Geburt der Venus* (Abb. 8). Die herabfallenden Rosen können als *Rosa × alba* L. identifiziert werden. Auch auf anderen Gemälden Botticellis ist die Weiße Rose dargestellt, nur auf seinem Werk *Primavera* läßt sich eine rote Rose erkennen, die als Essigrose gedeutet werden kann.

Auf den Gemälden der großen niederländischen und flämischen Meister treten sowohl die Zentifolie als auch die Damaszenerrose auf. So schufen etwa Jan Brueghel d. Ä. (1568–1625), Rachel Ruysch (1664–1750) und Jan van Huysum (1682–1749) zahlreiche Bilder mit Rosen (Abb. 10). Brueghels *Allegorie des Geruchs* stellt sogar die Anwendung von Rosen dar; es zeigt einen Garten mit Blütenpflanzen und Rosenpflückerinnen sowie ein Laboratorium mit Destillationsgeräten zur Herstellung von Rosenwasser als Arzneimittel. Von Rachel Ruysch, Hofmalerin in Düsseldorf, gibt es eine Darstellung der gelbblütigen Fuchsrose (*Rosa foetida* Herrm.), einer von den Mauren nach Spanien gebrachten westasiatischen Rose. Auch die Gestreifte Rose (*Rosa gallica* L. 'Versicolor') ist auf den Werken niederländischer Meister wiederzuerkennen. Hierher gehört auch Redoutés Lehrer Gerard van Spaendonck. Im weiteren Verlauf der Geschichte nimmt der Rosenkult breitere Formen an, mit dem Beginn der europäischen Gartenkultur wird die Rose immer mehr zur Schmuck- oder Zierpflanze und zum Symbol der weltlichen Liebe.

DIE ROSEN 19

BARBARA SCHULZ

Redouté: Technik und Druckverfahren

»Der Vorgang, den wir 1796 erfunden haben, um Platten farbig zu drucken, unterscheidet sich grundsätzlich von Bulliards Verfahren in seinem Werk über die Pilze. Sein Verfahren, das nichts anderes war als eine Nachahmung der Le Blon'schen Manier, bestand in der Verwendung der Farben auf mehreren Platten, wobei jede seiner Farben auf einer eigenen Platte gedruckt wurde.

Das unsere besteht dagegen darin, die gleichen Farben auf eine einzige Platte aufzutragen in einer uns eigenen Weise, die wir eines Tages veröffentlichen werden. So ist es uns gelungen, unseren Drucken das Kraftvolle und zugleich Zarte und auch die Brillanz des Aquarells zu verleihen, wie es auch aus unseren Werken über die Fettpflanzen, Liliengewächse und andere zu ersehen ist.«

Les Roses, Band 1

Die bis heute anhaltende Beliebtheit der Serie *Les Roses* ist vor allem der schönen zarten und porträtgetreuen Malerei von Pierre-Joseph Redouté zu verdanken. Aber erst durch die Vervielfältigung in der Druckwerkstatt Firmin Didot in Paris konnten die Arbeiten weiten Kreisen bekannt gemacht werden. Mit welchen Mitteln diese Reproduktionen angefertigt wurden, ist nur durch genaue Betrachtung zu erfahren. Der einzige Hinweis auf die Technik, in der die Rosendarstellungen ausgeführt wurden, findet sich als Fußnote auf Seite 10 im Vorwort des 1. Bandes und ist nicht sehr aufschlußreich, eher verschleiernd. Zutreffend ist lediglich die Bemerkung, daß mit nur einer Platte mehrere Farben gedruckt wurden. Der Verfasser verschweigt, daß die Farben *aller* Blumen mit Wasserfarben nachgetragen wurden. Man kann die Illustrationen der *Rosen* also nicht als Farbstiche bezeichnen. Es sind zwei- bis dreifarbig vorbereitete Drucke, in die von anderer Hand alle Blüten, Blätter und Stengel, ja sogar die Stacheln, mit Aquarellfarben eingemalt wurden.

Auf jeder der über hundertsechzig Rosendarstellungen sind der Maler Redouté und der Drucker Rémond genannt. Rechts steht der Name des jeweiligen Stechers, wobei Stecher als Berufsbezeichnung zu verstehen ist und auch für die Punktiermanier-Radierer gilt. Die harmonische Arbeit so verschiedener Stecher wird durch die von allen angewandte Punktiermanier im Kupfertiefdruck erzielt. Es sind rotierende Rädchen mit Zähnen und Nadeln für Einzelpunkte benutzt worden. Zwar kommen auch Linien vor, doch meist sind sogar die Randstriche der Blätter und Blüten gepunktet worden, damit keine Härten entstehen. Alle Schattenpartien sind aus Punkten aufgebaut. So ist die Weichheit der Formen gegeben.

Die *Rosen* erschienen als Teillieferungen, an denen etwa zehn verschiedene Künstler bzw. Stecher beteiligt waren, die meisten mit mehreren Blättern. Die Stechernamen in Band 1 sind: Bessin, Chapuy, Charlin, Couten, Coutan, Gouten, Langlois, Lemaire. In Band 2 kommen Chardin, Talbeaux, Teillard, Tilliard sowie Victor dazu; in Band 3 verbleiben Bessin, Bessa, Langlois, Lemaire und Victor.

Alle Namen sind von einem Schriftstecher in die Platten gestochen und immer schwarz gedruckt worden. Als Hauptstecher gelten Langlois mit 58 und Chapuy mit 42 Platten. Im Band 2 der Rosen erscheint ein neuer Stecher, Victor. Er unterscheidet sich von den bis dahin vertretenen Stechern durch eine »raumfüllende« Zeichnung und durch die Plastizität der Blätterdarstellungen. Bei manchen Rosensorten erscheinen diese kraus und plastisch, während sie sonst oft etwas schematisch erfaßt sind. Dabei benutzt Victor die gleichen Punktierwerkzeuge und Zahnrädchen zur Darstellung der Schatten, die auch den anderen Stechern zur Verfügung standen.

Von den fertigen Platten wurden zuerst schwarze Drucke abgezogen, einerseits, um die Qualität der Stecherarbeit zu prüfen, andererseits, um den Platten etwas Weichheit zu verschaffen. Der Farbdruck benötigt nicht die Tiefe der Punkte und Linien, die dem Schwarzweiß-Druck Kontrastfülle geben, er ist durch die verschiedenen Farben bereits kontrastreich genug.

Die Farbgebung der Drucke beschränkt sich auf wenige, der Vorzeichnung dienende Farben. Es sind immer grüne und dazu goldocker oder

DIE ROSEN   21

braune Töne, bei hellen und leuchtend rosa Blüten wird auch rosa in die Platte gerieben. Man nennt dieses lokale Einfärben »à la poupée«. Es wird mit den Fingerspitzen gemacht, die dazu mit Mull umwickelt sind. Bei größeren Flächen benutzt man auch Tampons. Nach dem Einfärben wird alle überschüssige Farbe weggewischt, auch hier bei kleinen Stellen mit den Fingerspitzen. So bleibt nur in den Vertiefungen der Punktierung Farbe hängen. Nach dieser Vorbereitung erfolgt der Druck. Das Druckergebnis ist eine überwiegend in Grün angelegte Vorlage mit kleinen Stellen der goldbraun eingesetzten Staubfäden und Stempel.

An die Geschicklichkeit des Druckers werden beim Mehrfarbendruck von nur einer Platte hohe Anforderungen gestellt. Die Kupferplatte enthält die ganze Darstellung, so daß er vor jedem Abzug neu festlegen muß, wo die einzelnen Farben sitzen sollen. Das in der zitierten Fußnote erwähnte Verfahren Le Blons teilt dagegen Blau, Rot, Gelb (und manchmal Schwarz) in je eine eigene Platte auf, in der nur die entsprechenden Partien für die drei Farben und ihre Mischungsanteile vom Stecher bearbeitet wurden. Die drei bis vier Platten wurden nacheinander gedruckt; in Le Blons Verfahren hat man in der Schabmanier gearbeitet, es waren reine Farbstiche. Das Verfahren ist aufwendig, aber zuverlässig im Ergebnis, anders als im Ein-Platten-Farbdruck, der Fehler zuläßt und nur von erfahrenen Druckern ausgeführt werden konnte. Die Drucker waren sich ihres Wertes bewußt, was man auch an der Nennung ihres Namens in der Platte erkennen kann.

Bei den Drucken von Rémond, der alle Rosenblätter gedruckt hat, wird Schwarz, bis auf die Ausnahme einer tief dunkelroten Rose – *Rosa gallica*, *purpurea velutina*, *parva* – gestochen von Langlois (S. 91), vermieden. Auf dem dunklen Rot würden Schattentöne nicht erkennbar sein, wenn sie nicht mit Schwarz gedruckt wären. Die schwarze Farbe ist lokal eingerieben und läuft ein wenig in den Bereich des grünen Stengels unter der Blüte. Sonst ist der Druck vielmehr »Ton in Ton« angelegt: grüner Druck unter grünem Kolorit, hellgrau oder hellgrün unter den weißen Blüten als Schattenton.

Daß trotz der vielen Stecher die Darstellungen einheitlich wirken, ist nicht zuletzt dem Drucker zu danken, der immer mit den gleichen Tönen arbeitet und dank des Weglassens von Schwarz eine helltonige Unterlage für die folgenden – wichtigen – Arbeiten liefert. Seine Arbeit ist also entscheidend für die abschließende Kolorierung mit Aquarellfarben. Diesen Vorgang verschweigt der Verfasser in der zitierten Fußnote, dabei ist es der Kolorist, damals Illuminator genannt, der den Rosen erst ihre volle Farbwirkung gibt. Er liefert mit seinen Farben die botanische Genauigkeit der Darstellungen. Wahrscheinlich überwogen bei den Koloristen Frauen, die in sogenannten Illuminierstuben zusammensaßen und die Wasserfarbenmalerei nach Redoutés Vorlagen ausführten. Jede von ihnen setzte nur eine Farbe lasierend ein, danach reichte sie das Blatt an die Nachbarin weiter, die ihrerseits eine Farbe hinzufügte. Durch diese Methode erzielte man saubere und genaue Ergebnisse. Es sind keine Spuren von Schablonen zu sehen, die Arbeit muß also freihändig gemacht worden sein. Obgleich das Druckpapier meist weiß war, wurden auch die weißen Blüten übermalt. Durch die dünne weiße Farbschicht wurden die punktierten hellgrünen oder grauen Schatten lasierend überzogen und gemildert.

Die Drucklegung von *Les Roses* zog sich über mehrere Jahre hin (1817–1824). Bedenkt man die Zahl der beteiligten Stecher, Drucker und Illuministen, die erforderlich waren, die Vorlagen Redoutés in vorzüglichen Wiedergaben zu verwirklichen – dazu noch mit den wichtigen Informationen des Botanikers Thory versehen – so ist es nicht verwunderlich, daß dieses Unternehmen die finanziellen Möglichkeiten Redoutés schließlich überstieg. Zum Glück konnte die Arbeit mit Hilfe von interessierten Gönnern zu Ende geführt werden. Unter diesen Umständen ist die gleichbleibende Qualität der Leistung aller beteiligten Kunsthandwerker um so bewundernswerter.

12 | ROSENKRANZ
Stecher Charlin
Cambridge, USA

13 | ROSENKRANZ
Stecher Charlin
Göttingen, Universitätsbibliothek

14 | ROSENKRANZ
UV-Reflexaufnahme
Göttingen, Universitätsbibliothek

15 | ROSENKRANZ
Stecher Charlin
Tübingen, Universitätsbibliothek

Die Abbildungen 12, 13 und 15 zeigen die Titelblätter aus drei Exemplaren der Rosen in farbiger Punktiermanierradierung, Druck in höchstens drei Farben: Grün, Goldocker, Braun, das griechische Gedicht im Kranz ist goldockergelb, die Beschriftung immer schwarz gedruckt. Dazu kommt ein reiches Kolorit (Illuminierung) in den erforderlichen Blumenfarben, mehrere Grüntöne, über bräunlich gedruckten Staubfäden gelb koloriert, mehrere Rosa- und Rottöne. Gelb ist immer koloriert, nie gedruckt. Weiße Rosen werden trotz des weißen Papiers koloriert, um die gedruckte Schattierung zu dämpfen. Die Illuminierung ist sehr genau, ohne Hilfe von Schablonen gemacht. Vergleicht man die Kränze der verschiedenen Exemplare, wird deutlich, daß die Ausmalung sich genau an die Vorlage hält. Wie reich die Ausmalung ist, den Druck vollkommen überdeckend, wird durch die Göttinger UV-Aufnahme deutlich. Über abgenutzteren Platten und Drucken wurde stärker koloriert (13 und 15). Bei dem Tübinger Beispiel ist die Illuminierung sehr kräftig.

DIE ROSEN 23

16

16 | ROSENKRANZ
Detail, gelbe Blüte (oben rechts)

17 | ROSENKRANZ
*Detail, gelbe Blüte
UV-Reflexaufnahme*

18 | ROSENKRANZ
Detail, vergrößert

Die Abbildungen zeigen als Detail die gelbe Blüte oben rechts im Blütenkranz aus dem Exemplar in Göttingen. Die UV-Reflexaufnahme läßt erkennen, daß selbst helle gelbe Ausmalung als deckende Farbschicht auf dem Druck liegt. In der weiteren Vergrößerung wird dazu die Punktierung unter der gelben Kolorierung deutlich sichtbar.

17

18

24 DIE ROSEN

19 | ROSA CENTIFOLIA L.
Stecher Couten

20 | ROSA CENTIFOLIA L.
Detail Stengel

21 | ROSA CENTIFOLIA L.
Detail Stengel, vergrößert
Göttingen, Universitätsbibliothek

Die Abbildung von Rosa centifolia L. *ist ein Beispiel für roten Druck in der Blätterdarstellung der Blüte und gleichzeitig für eine zarte Aquarell-Lasur. Ihre Stengel sind gedruckt und koloriert, auf der Ansatzstelle (21) der Stiele treten zwei Farben in einer Vertiefung auf, ein Beispiel für den Ein-Plattendruck in Farbe. Man sieht die Punktierung gut, dazu auch Punktreihen von Roulettewerkzeugen. Bei diesen Details aus dem Göttinger Exemplar ist die Illuminierung sehr durchsichtig, lasierend, das oben in Abb. 20 hineinreichende Rosenblatt hat keine Punktierung, sondern nur den glatten lasierenden Farbauftrag.*

DIE ROSEN 25

22

23

22 | ROSA MUSCOSA
   Blätter, gedruckt und koloriert

23 | ROSA MUSCOSA
   Blätter, UV-Reflexaufnahme
   Göttingen, Universitätsbibliothek

Die UV-Reflexaufnahme aus dem Göttinger Exemplar zeigt die volle Kolorierung der Blätter.

24 | ROSA EGLANTERIA
   Stecher Langlois. Helles Gelb

25 | ROSA EGLANTERIA
   UV-Reflexaufnahme
   Göttingen, Universitätsbibliothek

Rosa eglanteria *ist mit wenig Farbe gedruckt, nur mit gelber und grüner Kolorierung. Die UV-Reflexaufnahme verdeutlicht die dichte Kolorierung.*

24

25

The Plates

ROSA CENTIFOLIA L. 'MAJOR'
Cabbage Rose | Zentifolie | Rosier à centfeuilles

ROSA PERSICA MICHAUX

Barberry Rose | Persische Rose | Rosier de Perse

ROSA HEMISPHAERICA HERRM.
Sulphur Rose | Schwefelrose | Rosier à fleurs jaune soufre

ROSA GLAUCA POURRET

Red-leaved Rose | Rotblättrige Rose | Rosier à feuilles rougeâtres

ROSA MOSCHATA HERRM.
Musk Rose | Moschusrose | Rosier musqué

ROSA BRACTEATA WENDL.
Macartney Rose | Macartney-Rose | Rosier Macartney

ROSA CENTIFOLIA L. 'BULLATA'
Lettuce-leaved Cabbage Rose | Salatrose | Rosier à feuilles de Laitue

ROSA CENTIFOLIA L. 'ANDREWSII'
Single Moss Rose 'Andrewsii' | Einfache Moosrose 'Andrewsii' | Rosier Mousseux à fleurs simples 'Andrewsii'

ROSA CENTIFOLIA L. 'MUSCOSA'
Double Moss Rose | Gefüllte Moosrose | Rosier mousseux à fleurs doubles

ROSA CLINOPHYLLA THORY

Droopy-leaved Rose | Panaschiertblättrige Wildrose | Rosier à feuilles penchées

ROSA VIRGINIANA HERRM.
Virginia Rose | Glanzrose | Rosier à feuilles luisantes

ROSA RUGOSA THUNB.

Japanese Rose | Kartoffelrose | Rosier à feuilles rugueuses

ROSA CHINENSIS JACQ. VAR. SEMPERFLORENS KOEHNE
Monthly Rose | Monatsrose | Rosier mensuel

ROSA CHINENSIS JACQ. 'OLD BLUSH CHINA'

China Rose 'Old Blush China' | Chinarose 'Old Blush China' | Rosier de Chine 'Old Blush China'

ROSA CHINENSIS JACQ. VAR. MINIMA VOSS
Fairy Rose | *Zwerg-Bengalrose* | *Rosier nain du Bengale*

ROSA CANINA L. VAR. MONTEZUMAE HUMB. & BONPL.
Montezuma Rose | Montezuma-Rose | Rosier de Montezuma

ROSA PENDULINA L. VAR. PENDULINA
Alpine Rose | Alpenheckenrose | Rosier des Alpes

ROSA BLANDA AITON

Hudson Bay Rose | Eschenrose | Rosier à feuilles de frêne

ROSA × ODORATA SWEET 'HUME'S BLUSH TEA SCENTED CHINA'
Tea Rose 'Hume's Blush Tea scented China' | *Teerose 'Hume's Blush Tea scented China'*
Rosier à odeur de thé 'Hume's Blush Tea scented China'

ROSA × DUPONTII DÉSÉGL.

Blush Gallica | Dupont-Rose | Rosier de Damas 'Petale teinte de rose'

ROSA CENTIFOLIA L. 'DE MEAUX'
Moss Rose 'De Meaux' | Dijon-Rose | Rosier Pompon 'De Meaux'

ROSA VILLOSA L.
Apple Rose | Apfelrose | Rosier pomme

ROSA FOETIDA HERRM.
Austrian Yellow Rose | Fuchsrose | Rosier fétide

Rosa Eglanteria var. *punicea*.   *Rosier Eglantier* var. *couleur ponceau*.

P.J. Redouté pinx.   Imprimerie de Rémond   Coutan sculp.

ROSA FOETIDA HERRM. 'BICOLOR'
Austrian Copper Rose | Kapuzinerrose | Rosier Capucine

ROSA GALLICA L. 'OFFICINALIS'
Apothecary's Rose | Apothekerrose | Rosier des Apothicaires

ROSA CENTIFOLIA L. 'SIMPLEX'

Single Cabbage Rose | Einfache Zentifolie | Rosier à centfeuilles à fleurs simples

ROSA CENTIFOLIA L. CV.
Variety of Cabbage Rose | Zentifolien-Sorte | Variété du Rosier à centfeuilles

ROSA CAROLINA L.
Pasture Rose | Wiesenrose | Rosier des prés

ROSA PIMPINELLIFOLIA L. CV.
Burnet Rose of Marienburg | Bibernellrose 'Marienburg' | Rosier Pimprenelle de Marienbourg

ROSA PIMPINELLIFOLIA L. VAR. PIMPINELLIFOLIA
Burnet Rose | Bibernellrose | Rosier Pimprenelle *

ROSA CENTIFOLIA L. VAR. MUSCOSA 'ALBA'
White Moss Rose | Weiße Moosrosen-Sorte | Rosier mousseux à fleurs blanches

ROSA ARVENSIS HUDSON

Field Rose | Feldrose | Eglantier des Champs

ROSA STYLOSA DESV. VAR. SYSTYLA

— | Griffelrosen-Sorte | Rosier à court-style (var. à fleurs jaunes et blanches)

? ROSA RUBIGINOSA L. VAR. UMBELLATA

Variety of Sweet Briar | Weinrosen-Sorte | Variété du Rosier rubigineux

ROSA PALUSTRIS MARSHALL

Marsh Rose | *Sumpfrose* | *Rosier des Marais*

ROSA × ALBA L. 'GREAT MAIDEN'S BLUSH'

White Rose 'Great Maiden's Blush' | Weiße Rose 'Great Maiden's Blush' | Rosier blanc 'Great Maiden's Blush'

ROSA MOSCHATA HERRM. 'SEMIPLENA'
Semi-double Musk Rose | Halbgefüllte Moschusrose | Rosier musqué à fleurs semi-doubles

ROSA GLAUCA POURRET × ? ROSA PIMPINELLIFOLIA L.

Redouté Rose | Redouté-Rose | Rosier Redouté

ROSA VILLOSA L. × ROSA PIMPINELLIFOLIA L.

Redouté Rose with red stems and prickles | Rotstielige Redouté-Rose | Rosier Redouté à tiges et à épines rouges

ROSA MAJALIS HERRM. 'FOECUNDISSIMA'
Double May Rose | Gefüllte Mairose | Rosier de Mai à fleurs doubles

68

ROSA × BIFERA PERS.

Autumn Damask Rose | Herbst-Damaszenerrose | Rosier damascène d'Automne

ROSA HYBRIDA 'DUCHESS OF PORTLAND'

Portland Rose 'Duchess of Portland' | Portland-Rose 'Duchess of Portland' | Rosier de Portland 'Duchess of Portland'

ROSA CENTIFOLIA L. 'UNIQUE BLANCHE'
Cabbage Rose 'White Provence' | Zentifolie 'Unique blanche' | Rosier à centfeuilles 'Unique blanche'

ROSA CENTIFOLIA L. CV.
Carnation petalled variety of Cabbage Rose | Nelkenblütige Zentifolien-Sorte | Rosier œillet

ROSA CHINENSIS JACQ. VAR. MINIMA VOSS

Double Miniature Rose | Gefüllte Zwerg-Bengalrose | Rosier nain du Bengale pompon

ROSA × ALBA L. 'SEMIPLENA'
Semi-double White Rose | Halbgefüllte Weiße Rose | Rosier blanc ordinaire

ROSA PIMPINELLIFOLIA L. 'DOUBLE PINK SCOTCH BRIAR'
Burnet Rose 'Double Pink Scotch Briar' | Bibernellrose 'Double Pink Scotch Briar'
Rosier Pimprenelle 'Double Pink Scotch Briar'

ROSA × BIFERA PERS.

White variety of Autumn Damask Rose | Weiße Herbst-Damaszenerrose | Variété du Rosier damascène d'Automne à fleurs blanches

ROSA CHINENSIS JACQ. VAR. SEMPERFLORENS KOEHNE 'SLATER'S CRIMSON CHINA'
Monthly Rose 'Slater's Crimson China' | Monatsrose 'Slater's Crimson China' | Rosier mensuel 'Slater's Crimson China'

ROSA RUBIGINOSA L.

Sweet Briar | Weinrose | Rosier rubigineux

ROSA 'FRANCOFURTANA'
'Empress Joséphine' | 'Impératrice Joséphine' | 'Impératrice Joséphine'

? *ROSA DUMETORUM* THUILL. 'OBTUSIFOLIA'
— | *Flaumrose 'Obtusifolia'* | *Rosier à fleurs blanches*

? *ROSA TOMENTOSA* SMITH VAR. *BRITANNICA*
Foul-fruited varitey of Tomentose Rose | *Filzrosen-Sorte* | *Variété du Rosier Tomenteux*

ROSA MAJALIS HERRM.
May Rose | Mairose | Rosier de Mai

ROSA GALLICA L. 'VERSICOLOR'
French Rose 'Versicolor' | Panaschiert blühende Essigrose | Rosier de France à fleurs panachées

ROSA × DAMASCENA MILLER 'VERSICOLOR'
Damask Rose 'York and Lancaster' | Damaszenerrose 'York and Lancaster' | Rosier d'Yorck et de Lancastre

ROSA RUBIGINOSA L. 'ZABETH'
Sweet Briar 'Zabeth' | Weinrose 'Zabeth' | Rosier rubigineux 'Reine Elisabeth'

? ROSA × RAPA BOSC

? 'Rose d'Amour' | ? 'Rose d'Amour' | ? Rosier d'Amour

ROSA CANINA L. VAR. ANDEGAVENSIS BAST.
Anjou Rose | Anjou-Rose | Rosier d'Anjou

ROSA CENTIFOLIA L. CV.
Celery-leaved variety of Cabbage Rose | Sellerieblättrige Zentifolien-Sorte |
Variété du Rosier à centfeuilles à feuilles de Céleri

? ROSA STYLOSA VAR. SYSTYLA FOR. FASTIGIATA
— | Griffelrose | Rosier des Collines ✣

ROSA SEMPERVIRENS L.
Evergreen Rose | Immergrüne Rose | Rosier à feuilles persistantes

ROSA GALLICA L. CV. ? 'TUSCANY'
Variety of French Rose ? 'Tuscany' ? | Essigrosen-Sorte ? 'Tuscany' ? | Variété du Rosier de France

ROSA GALLICA L. HYBR.
Provins royal | Essigrosen-Hybride | Rosier de France var. Grandeur Royale

ROSA × FRANCOFURTANA THORY
? 'Francofurtana' | ? Frankfurter Rose | ? Rosier d'Orbessan

Rosa Rubiginosa nemoralis.   *L'Eglantine des bois.*

ROSA MICRANTHA BORRER VAR. MICRANTHA
Small flowered Eglantine | Kleinblütige Rose | Eglantier des bois

ROSA CHINENSIS JACQ. VAR. MINIMA VOSS CV.

Variety of Fairy Rose | Zwerg-Bengalrosen-Sorte | Rosier nain du Bengale à fleurs simples

ROSA CHINENSIS JACQ. VAR. LONGIFOLIA REHDER

China Rose 'Longifolia' | Chinarose 'Longifolia' | Rosier de Chine à feuilles de Pêcher

ROSA GALLICA L. 'THE BISHOP'
French Rose 'The Bishop' | *Essigrose 'The Bishop'* | *Rosier Evêque*

ROSA CANINA L. VAR. *LUTETIANA* BAKER FOR. *ACIPHYLLA*
Needle-leaved Dog Rose | Nadelblättrige Hundsrose | Variété du Rosier de Chien

ROSA DUMALIS BECHSTEIN VAR. MALMUNDARIENSIS
Malmedy Rose | Malmedy-Rose | Rosier de Malmedy

ROSA CHINENSIS JACQ. VAR. MINIMA VOSS
China Rose | Bengalrose | La Bengale bichonne

ROSA CHINENSIS JACQ. 'MULTIPETALA'
Double variety of China Rose | Gefüllte Chinarosen-Sorte | Rosier de Chine à fleurs doubles

ROSA TOMENTOSA SMITH

Tomentose Rose | Filzrose | Rosier Tomenteux

ROSA × ALBA L. 'CELESTE'
White Rose 'Celestial' | Weiße Rose 'Celeste' | Rosier blanc 'Celeste'

ROSA BANKSIAE AITON FIL. VAR. BANKSIAE 'ALBA PLENA'
Banks Rose 'Lady Banksia Snowflake' | Weiße, gefüllte Banksrose | Rosier de Lady Banks à fleurs blanches et doubles

ROSA × REVERSA WALDST. & KIT.
De Candolle Rose | De Candolle-Rose | Rosier de Candolle

ROSA × ALBA L. 'À FEUILLES DE CHANVRE'
White Rose 'À feuilles de Chanvre' | *Weiße Rose 'À feuilles de Chanvre'* | *Rosier blanc 'À feuilles de Chanvre'*

ROSA SEMPERVIRENS L. CV.

Variety of Evergreen Rose | Sorte der Immergrünen Rose | Variété du Rosier à feuilles persistantes

ROSA CANINA L. VAR. LUTETIANA BAKER
Variety of Dog Rose | Hundsrosen-Sorte | Variété du Rosier de Chien

ROSA × DAMASCENA MILLER 'CELSIANA'
Damask Rose 'Celsiana' | *Damaszenerrose 'Celsiana'* | *Rosier damascène 'Celesiana'*

ROSA BLANDA AITON CV.

Striped variety of Hudson Bay Rose | Gestreifte Eschenrosen-Sorte | Rosier de frêne à fleurs panachées

ROSA CENTIFOLIA L. CV.

Variety of Cabbage Rose | Zentifolien-Sorte | Variété du Rosier à centfeuilles

ROSA CENTIFOLIA L. CV.
Variety of Cabbage Rose | Zentifolien-Sorte | Variété du Rosier à centfeuilles

ROSA AGRESTIS SAVI VAR. SEPIUM THUILL.
Grassland Rose | Ackerrosen-Sorte | Rosier des hayes

ROSA GALLICA L. VAR. PUMILA
Creeping French Rose | Kriechende Essigrose | Rosier d'Amour

ROSA CENTIFOLIA L. CV.

Variety of Cabbage Rose | Zentifolien-Sorte | Variété du Rosier à centfeuilles

ROSA MULTIFLORA THUNB. VAR. MULTIFLORA
Pink double Multiflora | Rosa, gefüllte Vielblütige Rose | Rosier du Japon à fleurs carnées

ROSA MULTIFLORA THUNB. VAR. *PLATYPHYLLA* REHDER ET WILSON 'SEVEN SISTERS ROSE'
Multiflora 'Seven Sisters Rose' | *Vielblütige Rose* 'Seven Sisters Rose' | *Rosier du Japon* 'Seven Sisters Rose'

Rosa Villosa Terebenthina. / *Rosier Velu à odeur de Térébenthine.*

ROSA L. HORT

ROSA CAROLINA L. 'PLENA'

Double Pasture Rose | Gefüllte Wiesenrosen-Sorte | Rosier des prés à fleurs doubles

ROSA RUBIGINOSA L. 'SEMIPLENA'
Semi-double Sweet Briar | Halbgefüllte Weinrose | Rosier rubigineux à fleurs semi-doubles

? *ROSA* × *NOISETTIANA* THORY
? Noisette Rose | ? Noisette-Rose | ? Rosier de Noisette

ROSA CHINENSIS JACQ. VAR. SEMPERFLORENS KOEHNE CV.
Variety of Monthly Rose | *Monatsrosen-Sorte* | *Varieté du Rosier mensuel*

ROSA LAEVIGATA MICHAUX

Cherokee Rose | Cherokee-Rose | Cherokee Rose

Rosa geminata.   *Rosier à fleurs géminées.*

ROSA × POLLINIANA SPRENGEL

ROSA CORYMBIFERA BORKH.

— | Buschrose | Rosier des Buissons ❊

ROSA TOMENTOSA SMITH CV.
Double variety of Tomentose Rose | Gefüllte Filzrosen-Sorte | Variété du Rosier Tomenteux à fleurs doubles

ROSA TOMENTOSA SMITH CV.
Semi-double variety of Tomentose Rose | Halbgefüllte Filzrosen-Sorte | Variété du Rosier Tomenteux à fleurs semi-doubles

ROSA GALLICA L. CV.
Variety of French Rose | Essigrosen-Sorte | Variété du Rosier de France

ROSA × L'HERITIERANEA THORY CV.
Boursault Rose | Boursault-Rose | Rosier de Boursault

? ROSA × RAPA BOSC

? 'Rose d'Amour' | Weiße, gefüllte Glanzrose | Rosier Campanulé à fleurs blanches

ROSA RUBIGINOSA L. VAR. UMBELLATA

Variety of Sweet Briar | *Weinrosen-Sorte* | *Rosier rubigineux très épineux*

ROSA PIMPINELLIFOLIA L. CV.

Semi-double variety of Burnet Rose | Halbgefüllte Bibernellrosen-Sorte | Variété du Rosier Pimprenelle à fleurs semi-doubles

ROSA CENTIFOLIA L. CV.
Variety of Cabbage Rose | Zentifolien-Sorte | Variété du Rosier à centfeuilles

ROSA PIMPINELLIFOLIA L. VAR. CIPHIANA

Variegated flowering variety of Burnet Rose | *Panaschiertblütige Bibernellrosen-Sorte*

Variété du Rosier Pimprenelle à fleurs panachées

ROSA GALLICA L. CV.

Variety of French Rose | Essigrosen-Sorte | Variété du Rosier de France

ROSA AGRESTIS SAVI CV.
Semi-double variety of Grassland Rose | Halbgefüllte Ackerrosen-Sorte | Rosier des hayes à fleurs semi-doubles

? *ROSA PALUSTRIS* MARSHALL CV.

Semi-double variety of Marsh Rose | Halbgefüllte Sumpfrosen-Sorte | Variété du Rosier d'Hudson à fleurs semi-doubles

ROSA PENDULINA L. VAR. PENDULINA
Alpine Rose | Alpenheckenrose | Rosier des Alpes

? ROSA × RAPA BOSC CV.
— | Gefüllte Glanzrose | Rosier de Rosenberg

ROSA CENTIFOLIA L. 'ANEMONOIDES'
Cabbage Rose 'Anemonoides' | Anemonenblütige Zentifolie | Rosier à centfeuilles à fleurs d'anémone

ROSA PALUSTRIS MARSHALL CV.
Semi-double variety of Marsh Rose | Halbgefüllte Sumpfrosen-Sorte
Variété du Rosier d'Hudson à fleurs semi-doubles

ROSA CHINENSIS JACQ. VAR. SEMPERFLORENS KOEHNE
Monthly Rose | Monatsrose | Rosier mensuel

ROSA GALLICA L. CV.
Variety of French Rose | Essigrosen-Sorte | Variété du Rosier de France

ROSA GALLICA L. × ? ROSA CENTIFOLIA L.
Large-leaved variety of French Rose | Großblättrige Essigrosen-Sorte | Variété du Rosier de France à grandes feuilles

ROSA × SPINULIFOLIA DEMATRA

Wild hybrid of Alpine Rose | Naturhybride der Alpenrose | Rosier des Alpes – hybride spontané *

ROSA × DAMASCENA MILLER × ROSA CHINENSIS JACQ. VAR. SEMPERFLORENS KOEHNE 'ROSE DU ROI'
Portland Rose 'Rose du Roi' | Portlandrose 'Rose du Roi' | Rosier de Portland 'Rose du Roi'

? ROSA PIMPINELLIFOLIA L. VAR. MYRIACANTHA SER.

Prickly variety of Burnet Rose | Stachelige Bibernellrosen-Sorte | Variété du Rosier Pimprenelle à mille épines

ROSA × DAMASCENA MILLER 'CELSIANA'

Damask Rose 'Celsiana' | *Damaszenerrose 'Celsiana'* | *Rosier damascène 'Celsiana'*

? ROSA × REVERSA WALDST. & KIT.
Wild hybrid of Alpine Rose | Naturhybride der Alpenheckenrose | Rosier des Alpes — hybride spontané *

ROSA × ALBA L. CV.

Variety of White Rose with pinnate sepals | Weiße Rosen-Sorte mit gefiederten Sepalen | Variété du Rosier blanc

ROSA × HARISONII RIVERS 'LUTEA'
'Yellow Rose of Texas' | 'Yellow Rose of Texas' | Eglantier Serin

ROSA × L'HERITIERANEA THORY
Boursault Rose | Boursault-Rose | Rosier de Boursault

? *ROSA PIMPINELLIFOLIA* L. VAR. *INERMIS* DC.
Thornless Burnet Rose | Stachellose Bibernellrose | Rosier Pimprenelle à tiges sans épines

ROSA RUBIGINOSA L. CV.
Variety of Sweet Briar | Anemonenblütige Weinrosen-Sorte | Rosier rubigineux à fleurs d'anémone

ROSA DUMALIS BECHSTEIN VAR. MALMUNDARIENSIS FOR BISERRATA
? Double serrated Malmedy-Rose | ? Doppeltgesägte Malmedy-Rose | ? Rosier de Malmedy à folioles bidentées

ROSA GALLICA L. CV. ? 'DUCHESSE D'ORLÉANS'

French Rose ? 'Duchesse d'Orléans' | Essigrose ? 'Duchesse d'Orléans' | Rosier de France ? 'Duchesse d'Orléans'

Rosa Stylosa.   *Rosier des Champs à tiges érigées.*

ROSA STYLOSA DESV. VAR. STYLOSA
— | Griffelrose | Rosier à court-style

ROSA CENTIFOLIA L. 'PETITE DE HOLLANDE'
Cabbage Rose 'Petite de Hollande' | Zentifolie 'Petite de Hollande'
Rosier à centfeuilles 'Petite de Hollande'

ROSA GALLICA L. CV. / ROSA CENTIFOLIA L. CV.
Variety of French Rose or Cabbage Rose | Essigrosen- oder Zentifolien-Sorte
Variété du Rosier de France ou du Rosier à centfeuilles

ROSA × DAMASCENA MILLER CV.

Variety of Damask Rose | Damaszenerrosen-Sorte | Variété du Rosier damascène

ROSA GALLICA L. CV.
Variety of French Rose | Essigrosen-Sorte | Variété du Rosier de France

Rosa Indica Stelligera.   *Le Bengale Étoilé.*

ROSA CHINENSIS JACQ. VAR. SEMPERFLORENS KOEHNE CV.
Variety of Monthly Rose | Monatsrosen-Sorte | Variété du Rosier mensuel

ROSA CHINENSIS JACQ. CV.
Variety of China Rose | Chinarosen-Sorte | Variété du Rosier de Chine

ROSA GALLICA L. — HYBR.

French Rose hybrid | Essigrosen-Hybride | Rosier de France hybride

ROSA GALLICA L. CV.

Variety of French Rose | Essigrosen-Sorte | Variété du Rosier de France

Rosa Gallica flore marmoreo.   *Rosier de Provins à fleurs marbrées.*

ROSA GALLICA L. CV.

Marbled variety of French Rose | Marmoriert blühende Essigrosen-Sorte | Variété du Rosier de France à fleurs marbrées

Rosa Sepium Myrtifolia.   *Rosier des Hayes à feuilles de Myrte.*

P. J. Redouté pinx.   Imprimerie de Rémond   Langlois sculp.

ROSA AGRESTIS SAVI

Grassland Rose | Ackerrose | Rosier des hayes

ROSA GALLICA L. CV.
Large-flowered variety of French Rose | Großblumige Essigrosen-Sorte | Variété du Rosier de France à grandes fleurs

ROSA GALLICA L. CV.
Stapelia-flowered variety of French Rose | Stapelienblütige Essigrosen-Sorte | Variété du Rosier de France à fleurs de Stapelie

ROSA GALLICA L.
French Rose | Essigrose | Rosier de France

ROSA × BIFERA PERS. CV.

Variety of small Autumn Damask Rose | Kleine Herbst-Damaszenerrosen-Sorte | Variété du Petit Quatre Saisons

ROSA TOMENTOSA SMITH VAR. FARINOSA

Variety of Tomentose Rose | Mehlige Filzrosen-Sorte | Variété du Rosier Tomenteux

ROSA CHINENSIS JACQ. CV.
Variety of China | Chinarosen-Sorte | Variété du Rosier de Chine

ROSA CENTIFOLIA L. CV.

Variety of Cabbage Rose | Zentifolien-Sorte | Variété du Rosier à centfeuilles

? *ROSA MONSONIAE* LINDLEY
Rose of Lady Monson | Lady Monson-Rose | Rosier de Lady Monson

ROSA CHINENSIS JACQ. VAR. SEMPERFLORENS KOEHNE
Monthly Rose | Monatsrose | Rosier mensuel

ROSA SETIGERA MICHAUX

Prairie Rose | Prärierose | Rosier des Prairies

ROSA FOETIDA HERRM. 'BICOLOR'
Austrian Copper Rose | Kapuzinerrose | Rosier Capucine

Rosa Canina grandiflora.   *Rosier Canin à grandes fleurs.*

P.J. Redouté pinx.   Imprimerie de Remond.   Lemaire sculp.

ROSA × WAITZIANA TRATT.

Dog Rose hybrid | Hundsrosen-Hybride | Rosier de Chien hybride

ROSA GALLICA L. 'AGATHA INCARNATA'

French Rose Hybrid 'Agatha Incarnata' | Essigrose 'Agatha Incarnata' | Rosier de France 'Agathe Carnée'

ROSA GALLICA L. 'VIOLACEA'

French Rose 'Violacea' | Essigrose 'Violacea' | Rosier de France 'Violacea'

ROSA × L'HERITIERANEA THORY CV.

Single variety of Boursault Rose | Einfache Boursault-Rosensorte | Variété du Rosier de Boursault à fleurs simples

ROSA × L'HERITIERANEA THORY
Boursault Rose | Boursault-Rose | Rosier de Boursault

ROSA VILLOSA L. × ROSA PIMPINELLIFOLIA L.
Apple Rose hybrid | Apfelrosen-Hybride | Rosier pomme hybride

Rosa Ventenatiana.   *Rosier Ventenat.*

ROSA PIMPINELLIFOLIA L. — HYBR.

Burnet Rose hybrid | Bibernellrosen-Hybride | Rosier Pimprenelle hybride

ROSA × BIFERA PERS. CV.
Variegated variety of Autumn Damask Rose | Panaschiertblättrige Herbst-Damaszenerrose
Variété du Rosier damascène d'Automne panaché

ROSA SEMPERVIRENS L. VAR. LESCHENAULTIANA

Variety of Evergreen Rose | Sorte der Immergrünen Rose | Variété du Rosier à feuilles peristantes

Rosa Gallica Gueriniana.   *Rosier Guerin.*

? ROSA GALLICA L. × ROSA CHINENSIS JACQ.
French Rose hybrid | Essigrosen-Hybride | Rosier Guerin

ROSA CHINENSIS JACQ. CV.
Autumn-flowering Variety of China Rose | Herbstblühende Chinarose | Variété du Rosier de Chine

? ROSA EVRATINA BOSC

Rosa Rubiginosa Vaillantiana.   *L'Eglantine de Vaillant.*

? ROSA MICRANTHA BORRER VAR. LACTIFLORA

— | *Kleinblütige Rose* | *Eglantine de Vaillant*

Rosa Muscosa Anemone-flora.   *La Mousseuse de la Flèche.*

ROSA CENTIFOLIA L. VAR. MUSCOSA CV.

Variety of Moss Rose | Moosrosen-Sorte | Variété du Rosier mousseux

ROSA CENTIFOLIA L. 'MOSSY DE MEAUX'

Moss Rose 'Mossy de Meaux' | Bemooste Dijon-Rose | Rosier Pompon mousseux 'De Meaux'

ROSA × ODORATA SWEET CV.

Single variety of Tea Rose | Einfache Teerosen-Sorte | Variété du Rosier à odeur de thé à fleurs simples

? *ROSA* × *L'HERITIERANEA* THORY
Boursault Rose | Boursault-Rose | Rosier de Boursault

ROSA × BORBONIANA N. DESP.
Bourbon Rose | Bourbonrose | Rosier Bourbon

Rosa Pomponia Burgundiaca.   *Le Pompon de Bourgogne.*

P. J. Redouté pinx.   Imprimerie de Rémond.   Langlois sculp.

ROSA CENTIFOLIA L. 'PARVIFOLIA'

Cabbage Rose 'Burgundian Rose' | Burgunderröschen | Rosier Pompon de Bourgogne

Glossar

ACETUM ROSARUM
s. ROSENESSIG

ACKERROSE (*Rosa agrestis* Savi)
Europäische Wildrose, auch in Nordafrika; ein 1–2 m hoher Strauch mit kräftigen Stacheln und blaßrosa bis weißlichen Blüten.

ADONIS-GÄRTEN
Im Altertum Gärten der Griechen, in denen kleine Rosensträucher mit schönen Blüten, oft in silbernen Gefäßen, gepflegt wurden.

ALPENHECKENROSE (*Rosa pendulina* L.)
Wildrose aus den Bergen Süd- und Mitteleuropas; ca. 1 m hoher Strauch mit rötlichen Trieben, oft ganz ohne Stacheln, mit rosa bis purpurnen Blüten.

ALTE ROSEN
Bezeichnung für Rosen, die zu einer Rosenklasse gehören, die bereits vor 1867, dem Zeitpunkt der Einführung der ersten Teehybride, bestand; innerhalb einer alten Rosenklasse kann eine Sorte auch später entstanden sein.

APFELROSE (*Rosa villosa* L.)
Europäische Wildrose, die bis zum Kaukasus und in Vorderasien vorkommt; dicht verzweigter, kurztriebiger Strauch mit dünnen, geraden Stacheln und rosa Blüten; die Hagebutten sind wirtschaftlich verwertbar.

APOTHEKERROSE (*Rosa gallica* L. ʻOfficinalisʼ)
Auch »Rote Rose von Lancaster«, eine ca. 70 cm hohe Sorte der Essigrose mit karminroten, halbgefüllten, wohlriechenden Blüten; schon 1310 in Frankreich kultiviert, um aus den getrockneten, zerriebenen Blütenblättern ein heilkräftiges Pulver herzustellen.

AQUA ROSARUM
s. ROSENWASSER

ATTAR OF ROSES
s. ROSENÖL

AYRSHIRE-ROSEN
Gartenrosen, die zu Anfang des 19. Jahrhunderts aus der Feldrose (*Rosa arvensis* Hudson) entstanden.

BANKSROSE (*Rosa banksiae* Aiton fil.)
Chinesische Wildrose; klettert in ihrer Heimat bis 15 m hoch; immergrüner, stachelloser Strauch mit borstenförmigen, abfallenden Nebenblättern und kleinen, weißen oder gelben Blüten, die angenehm duften; hierzu viele Sorten.

BEETROSEN
Sammelbegriff für Sorten, die bis 1 m hohe, buschige Sträucher mit gut verzweigten Trieben bilden, zumeist öfterblühend; umfangreichste Gruppe innerhalb der Rosen.

BENGALROSE
s. CHINESISCHE ROSE (*Rosa chinensis* Jacq.)

BIBERNELLROSE (*Rosa pimpinellifolia* L.)
Eurasiatische Wildrose; bis 1 m hoher, Ausläufer treibender Strauch mit sehr dicht stacheligen und borstigen Zweigen; seit alters in Kultur mit vielen Sorten.

BODENDECKERROSEN
Sammelbegriff für Sorten unterschiedlicher Wuchsform, die sich zur flächigen Begrünung eignen, auch Bepflanzung von Blumenkästen und Einfassung von Rabatten; meist 15–40 cm hohe Rosensträucher mit kleinen, zierlichen Blüten.

BOURBONROSE (*Rosa × borboniana* Desp.)
Gartenrose, Hybride aus *R. chinensis* Jacq. × *R. × damascena* Miller, auf der Insel Bourbon (heute Réunion) entstanden; mit kräftigem Wuchs, ursprünglich mit karminrosa, mittelgroßen Blüten mit ca. 20 Blütenblättern, immerblühend; hierzu viele Sorten.

CHEROKEE-ROSE (*Rosa laevigata* Michaux)
Chinesische Wildrose; starkwüchsige, immergrüne Kletterrose mit meist nur drei Fiederblättchen; in Japan nur in Kultur bekannt.

CHINESISCHE ROSE (*Rosa chinensis* Jacq.)
Chinesische Wildrose; niedriger, aufrechter, fast stacheloser Strauch mit dunkelroten bis fast weißen Blüten; ursprünglich eingeführte Pflanzen rosablütig, viele winterharte Sorten.

»CLIMBER«
Gruppe von Kletterrosen mit aufrechtem Wuchs und starken Trieben, die ohne stützende Unterlage klettern.

CONTAINERROSEN
Rosen, die in Plastiktöpfen zum Verkauf angeboten werden, sollten im Herbst in Beete verpflanzt werden.

DAMASZENERROSE (*Rosa × damascena* Miller)
Herkunft unbekannt, aber vermutlich eine Naturhybride, man unterscheidet Sommer-Damaszenerrosen und Herbst-Damaszenerrosen; die typische Damaszenerrose ist bis 2 m hoch, trägt stark bewehrte Zweige, die Blüten stehen zu vielen beisammen und duften meist stark; uralte Kulturrose.

DIES ROSARIUS
Totenfest der Römer am 11. Mai, Rose als Totenblume.

DUFTROSEN
Der Duft entströmt winzigen Drüsen an der Oberseite der Kronblätter, im allgemeinen duften dunkle Rosen stärker als helle, und der Duft ist intensiver, je mehr Blütenblätter vorhanden sind.

DÜNENROSE
s. BIBERNELLROSE (*Rosa pimpinellifolia* L.)

DURCHWACHSENE ROSE
Bezeichnung für eine Mißbildung von Rosenblüten, bei der aus der Rosenblüte eine weitere Blüte herauswächst, botanisch als Prolifikation bezeichnet.

EDELROSEN
s. TEEHYBRIDE

EINFACHE ROSENBLÜTEN
Bezeichnung für Rosenblüten aus fünf Blütenblättern, wie sie natürlicherweise bei den Wildrosen auftreten.

ENFLEURAGE
Methode zur Gewinnung von Rosenöl; mittels eines feinen, geruchlosen Fettes wird das Öl den Blütenblättern entzogen. Die Fettschicht wird so lange mit frischen Blütenblättern versehen, bis sie gesättigt ist.

ESCHENROSE (*Rosa blanda* Aiton)
Nordamerikanische Wildrose; bis 2 m hoher, fast unbewehrter Strauch mit 5–7 elliptischen Fiederblättchen, die an diejenigen der Esche erinnern.

ESSENCE DE ROSE
s. ROSENÖL

ESSIGROSE (*Rosa gallica* L.)
Europäische Wildrose, auch in Kleinasien; 40 bis 80 cm hoher, Ausläufer treibender Strauch mit einzeln stehenden, rosa bis roten Blüten, sehr winterhart; seit alters in Kultur und ein Vorfahre der Gartenrosen, in der ersten Hälfte des 19. Jahrhunderts mehr als tausend Sorten in Kultur.

FELDROSE (*Rosa arvensis* Hudson)
Europäische Wildrose; 1 bis 2 m hohe Kletterrose mit vielen kleinen hakenförmigen Stacheln, die im Gebüsch wuchert, weißblütig und ohne Duft; siehe auch AYRSHIRE-ROSEN.

FILZROSE (*Rosa tomentosa* Smith)
Europäische Wildrose, die bis zum Kaukasus und bis Kleinasien vorkommt; 2 m hoher Strauch mit dicken, geraden oder gebogenen Stacheln.

FLORIBUNDA-ROSEN
Im 20. Jahrhundert durch die Kreuzung zwischen Teehybriden und Polyantha-Rosen entstandene Rosengruppe; kräftiger, buschiger Wuchs mit flachen Blütenständen und ebenfalls relativ flachen Blüten, in vielen Blütenfarben.

FLORIBUNDA-GRANDIFLORA-ROSEN
Weiterer Name für Grandiflora-Rosen, siehe dort.

FLORES ROSAE
s. ROSENBLÜTEN

FRUCTUS CYNOSBATI
Handelsbezeichnung für die Scheinfrucht der Hundsrose (*Rosa canina* L.), die als Heilmittel verwendet wird, sehr vitaminreich (besonders Vitamin C), wird auch als mildes Adstringens und Diureticum verwendet.

FUCHSROSE (*Rosa foetida* Herrm.)
Westasiatische Wildrose; in ihrer Heimat bis 3 m hoher Strauch, mit tiefgelben, streng nach Wanzen riechenden Blüten; Elternteil der gelben und orangefarbenen Edelrosen.

FUNGUS BEDEGUAR
s. ROSENGALLEN

GARTENROSEN
Auch Kulturrosen, Bezeichnung für züchterisch bearbeitete, aus Wildpflanzen (Wildrosen) hervorgegangene, in Kultur befindliche Rosen, die durch die Kultur gewollte oder gezielte Abänderungen von der Wild-

form erfuhren; die niedrigste taxonomische Einheit der Kulturpflanzen ist die Sorte oder Gartenvarietät.

GEFÜLLTE ROSENBLÜTEN
Bezeichnung für Blüten, bei denen der Blütenschauapparat, gemeint sind die Kronblätter, durch Züchtung vermehrt wurde, hierbei sind die zusätzlichen Kronblätter aus den Staubblättern, zum Teil auch aus den Stempeln, entstanden; bei Rosen unterscheidet man einfache (5 Kronblätter), halbgefüllte (bis 20 Kronblätter), gutgefüllte (bis 40 Kronblätter) und starkgefüllte (mehr als 40 Kronblätter) Blüten.

GLANZROSE (*Rosa virginiana* Miller)
Nordamerikanische Wildrose; ca. 1,5 m hoher Strauch mit glänzend grünen Blättern und hellrosa Blüten.

GOLDENE ROSE
Auszeichnung des Papstes an regierende Häuser oder besonders um die Kirche verdiente Personen mit einer goldenen, von ihm gesegneten Rose, schon seit dem 12. Jahrhundert; Auszeichnung für die beste Rose des Jahres, z. B. von Den Haag (Niederlande), Kortrijk (Belgien) oder Orléans (Frankreich).

GRANDIFLORA-ROSEN
Eine im 20. Jahrhundert aus der Kreuzung einer Teehybride mit einer Floribunda-Sorte entstandene Rosengruppe; die Verwendung des Namens »grandiflora« für eine Rosengruppe ist nach den internationalen Nomenklaturregeln nicht zulässig, da der Name *Rosa grandiflora* schon vorher für andere Rosen bestand.

HALBIMMERGRÜNE KLETTERROSE (*Rosa wichuraiana* Crépin)
Ostasiatische Wildrose, im östlichen N-Amerika verwildert; 2–5 m lange, oft niederliegende Stämme mit beidseits glänzenden Blättern und weißen, duftenden Blüten in kegelförmigen Doldenrispen; Elternteil vieler Kletterrosen-Sorten; in N-Amerika als Grabschmuck verwendet (»Memorial Rose«).

HAGEBUTTE
Sammelscheinfrucht der Rosen, die aus dem Kelchbecher (Hypanthium) gebildet wird, ihr Vitamin-C-Gehalt ist viel höher als derjenige von Apfelsinen; viele Gartensorten haben die Fähigkeit, Hagebutten zu bilden, verloren, sie sind steril.

HALBSTAMMROSEN
Rosenstöcke mit einer Stammhöhe vom Wurzelhals bis zum Kronenansatz von ca. 60 cm, hierfür werden Zwergrosen und Bodendeckerrosen verwendet.

HERBST-DAMASZENER ROSE (*Rosa × bifera* Pers.)
Gartenrose, vermutlich handelt es sich um eine Hybride aus der Essigrose und der

Moschusrose (*Rosa gallica* L. × *Rosa moschata* Herrm.), ihr Name deutet darauf hin, daß diese Rosen zweimal im Jahr blühen können; eine wichtige Sorte dieser Rose ist bekannt als 'Quatre Saisons', die im Sommer blüht und dann bis zum Herbst nachblüht; durch Kreuzung dieser Rosen mit anderen Rosen erhielt man die dauerblühenden Damaszenerrosen.

HIMALAJA-MOSCHUSROSE (*Rosa bruonii* Lindley)
Wildrose aus dem Himalaja; starkwüchsige, weißblütige Kletterrose; in milderen Gegenden häufig in Kultur.

HOCHSTAMMROSEN
Rosenstöcke mit einer Stammhöhe vom Wurzelhals bis zum Kronenansatz von ca. 90 cm; Sorten aus der Gruppe der Teehybriden und Floribunda-Rosen aufveredelt.

HULTHEMIA Focke
Bezeichnung für die Untergattung der Gattung *Rosa* L., die sich durch einfache Blätter ohne Nebenblätter und einzeln stehende Blüten auszeichnet, wie z. B. die Persische Rose (*Rosa persica* Michaux).

HUNDSROSE (*Rosa canina* L.)
Wildrose, die in ganz Europa häufig vorkommt und sehr formenreich ist; ein bis 3 m hoher Strauch mit bogig überhängenden Zweigen und kräftigen Stacheln, mit weißen bis rosa Blüten; offizinell.

IMMERGRÜNE ROSE (*Rosa sempervirens* L.)
Wildrose aus dem Mittelmeerraum; immergrüne Kletterrose mit grünen Trieben und roten Stacheln, mit großen, weißen, duftenden Blüten; früher viele Sorten.

KASANLIK-ROSE (*Rosa × damascena* Miller 'Trigintipetala')
Ölrose aus dem Rosental, benannt nach der Industriestadt Kasanlik, im Zentrum dieses Rosenanbaugebietes von Bulgarien.

KAPUZINERROSE (*Rosa foetida* Herrm. 'Bicolor')
Schon im 16. Jahrhundert durch Knospenmutation aus der Fuchsrose entstanden; mit einfachen, innen leuchtend orangefarbenen und außen gelben Blüten; hieraus sind alle modernen gelben und orangefarbenen Gartenrosen entstanden.

KARTOFFELROSE (*Rosa rugosa* Thunb.)
Wildrose der gemäßigten und nördlichen Teile O-Asiens, in Teilen Europas und N-Amerikas eingebürgert; dickstämmiger, filziger, sehr stark stacheliger Strauch mit rosaroten Blüten, sehr winterhart; heute in vielen Sorten, auch zur Dünenbefestigung.

KLETTERROSEN
Rosen der Sektion *Synstylae*, die vor allem in SO-Asien beheimatet sind, wichtige Wildarten sind *Rosa multiflora* Thunb., *Rosa wichuraiana* Crépin, *Rosa moschata* Herrm. und *Rosa sempervirens* L.

GLOSSAR 199

KNOPFROSE
s. ESSIGROSE (*Rosa gallica* L.)

KOHLROSE
s. ZENTIFOLIE (*Rosa centifolia* L.)

KORDESII-ROSEN
Gartenrosen, wichtige Kletterrosenrassen, die sich durch starken Wuchs, Gesundheit, glänzendes Laub, reiche und dauernde Blüte auszeichnen.

KRIECHROSE
s. FELDROSE (*Rosa arvensis* Hudson)

KULTURROSEN
s. GARTENROSEN

LAMBERTIANA-ROSEN
Alter Name für »dauerblühende« Strauchrosen, die aus Kreuzungen der Moschusrose (*Rosa moschata* Herrm.) und der Vielblütigen Rose (*Rosa multiflora* Thunb.) entstanden sind.

MACARTNEY-ROSE (*Rosa bracteata* Wendl.)
Chinesische Wildrose, die auch in Taiwan vorkommt und im 18. Jahrhundert von Lord Macartney nach England gebracht wurde; aufrechter, buschiger, immergrüner Strauch mit großen, einzeln stehenden, milchweißen, duftenden Blüten.

MAIROSE (Rosa majalis Herrm.)
Auch Zimtrose genannt, eurasiatische Wildrose; Strauch mit unterirdischen Ausläufern, karminroten Blüten, Blütenblätter etwas ausgerandet; schon seit vor 1600 in Kultur.

MINIATURROSE (*Rosa chinensis* Jacq. 'Minima')
Auch Zwerg-Bengalrose, Gartenrose; zierlicher, ca. 20 bis 50 cm hoher, vielstämmiger Strauch, mit blaßrosa einfachen oder halbgefüllten Blüten, dauerblühend.

MINIATUR-ROSEN
Bezeichnung für kleinere Formen höherwüchsiger Beetrosen, sie sind meist 15 bis 40 cm hoch und tragen kleine zierliche Blüten.

MODERNE GARTENROSEN
Sammelbegriff für alle Gartenrosen, die zu Rosenklassen gehören, die nach 1867, also nach der Entstehung der ersten Teehybriden, entstanden; ihnen werden die »Alten Rosen« gegenübergestellt, die Remontantrosen bilden das Bindeglied zwischen beiden Gruppen; hierher gehören z. B. Teehybride, Floribunda-, Grandiflora- und Polyantha-Rosen.

MONATSROSE (*Rosa chinensis* Jacq. var. *semperflorens* Koehne)
Gartenrose, ursprünglich aus Indien; zierlicher, dünntriebiger Strauch mit dunkelroten, halbgefüllten, duftenden Blüten mit besonders langer Blütezeit, alle dunkelroten Rosen stammen von ihr ab.

MOOSROSEN
Sorten der Zentifolie (*Rosa centifolia* L.), bei denen die Stiele unter den Blüten besonders stark drüsig-klebrig und duftend sind; Moos bezeichnet die Ausbildung von blattartigen Gebilden an den Kelchblättern, oft kommen zu deren Abwandlung Stacheln und vor allem Öldrüsen.

MOSCHUSROSE (*Rosa moschata* Herrm.)
Heimat unbekannt, möglicherweise Kleinasien; locker wachsender Strauch mit rötlichen, spärlich bewehrten Trieben und weißen Blüten, die zurückgeschlagenen Blütenblätter verströmen einen starken Moschusgeruch; zu vielen Kreuzungen benutzt, heute Elternteil vieler Strauchrosen-Sorten.

NADELROSE (*Rosa acicularis* Lindley)
Wildrose mit zirkumpolarer Verbreitung, nur bis 1 m hohe, dicht weichborstige Stämme mit einzeln stehenden dunkelrosa Blüten; zur Hybridisation nur wenig verwendet.

NOISETTIANA-HYBRIDEN (*Rosa × noisettiana* Thory)
Kletterrosengruppe aus der Kreuzung von Bengalrose und Moschusrose, mit gelben, weißen oder rosafarbenen Blüten, mitunter bis zu 100 Blüten pro Blütenstand; alle Sorten sehr frostempfindlich und kaum mehr in Kultur, früher aber in vielen Sorten.

ÖLROSEN
Rosen, die für die Rosenölgewinnung angepflanzt werden, zum Beispiel die Damaszenerrose (*Rosa × damascena* Miller) in der Türkei und in Bulgarien (s. auch Kasanlik-Rose) und die Zentifolie (*Rosa centifolia* L.) in Frankreich und Marokko.

ORIENTALISCHE KLETTERROSE (*Rosa phoenicia* Boiss.)
Wildrose aus der Türkei, Syrien und dem Libanon; kräftig wachsende Kletterrose mit sehr langen, dünnen, peitschenförmigen Trieben und vielblütigen Doldenrispen; aufgrund der tief reichenden Wurzeln ist diese Rose schwer zu verpflanzen.

PAESTUM
Zentrum der Rosenkultur im Altertum, südlich Neapel am Golf von Salerno gelegen, bei der damals dort angebauten Rose handelt es sich offensichtlich um die Damaszenerrose (*Rosa × damascena* Miller).

PERNETIANA-ROSEN
Gartenrosen, durch Kreuzungen aus der Fuchsrose (*Rosa foetida* Herrm.) entstandene Rosen, aber so anfällig für Sternrußtau, daß sie schon seit Jahren aus den Gärten verschwunden sind; seit langer Zeit in den modernen Teehybriden aufgegangen.

PERSISCHE ROSE (*Rosa persica* Michaux)
Asiatische Wildrose auf salzreichen Böden in der Nähe des Kaspischen Meeres und des Aralsees; mit einfachen Blättern, deshalb in eine eigene Untergattung gestellt, mit einzeln stehenden, gelben Blüten mit tiefrotem Auge; in Kultur nur schwer haltbar.

POLYANTHA-ROSEN
Gartenrosen, *Rosa polyantha* Sieb. & Zucc. ist ein ungültiger Name für *Rosa multiflora* Thunb. aus Japan; um 1870 begannen die Züchter mit dieser japanischen Wildrose zu kreuzen und nannten die erzielten Sorten Polyantha-Hybriden oder Polyantha-Rosen; die meisten heutigen Sorten sind niedrig, sehr buschig und vielblumig, für die Beetbepflanzung geeignet.

PORTLAND-ROSEN (*Rosa × damascena* Miller × *Rosa chinensis* Jacq. var. *semperflorens* Koehne)
Gruppe von Gartenrosen, die von 1800 bis 1850 viel zur Züchtung verwendet wurden, da sie etwas nachblühten.

PRÄRIEROSE (*Rosa setigera* Michaux)
Amerikanische Wildrose; 1–2 m hoher Strauch mit dunkelrosa Blüten; zur Züchtung winterharter Kletterrosen verwendet.

PROVENCEROSE
s. ZENTIFOLIE (*Rosa centifolia* L.)

PROVINS-ROSE
Anderer Name für die Apothekerrose (*Rosa gallica* L. 'Officinalis'), nach dem Namen der Ortschaft Provins südlich von Paris, in der vom 13. bis zum 18. Jahrhundert Apothekerrosen in großem Umfang angebaut wurden.

»RAMBLER«
Gruppe der Kletterrosen mit so biegsamen Trieben, daß sie eine Stütze brauchen; es handelt sich meist um Abkömmlinge von *Rosa wichuraiana* Crépin.

REMONTANTROSEN
Rosengruppe, die als Bindeglied zwischen den Alten und den Modernen Gartenrosen gilt, bestand zwischen 1837 und 1890, alle wichtigen Gartenrosen haben zu ihrer Entstehung beigetragen; hierbei bedeutet remontierende Rosen mehrmals blühende Rosen, man unterscheidet mehrere Untergruppen, wie z. B. Portlandrosen, Remontanthybriden von Portland oder Remontanthybriden von Bourbon.

ROSA L.
Bezeichnung für die Gattung der Rosen nach Carl Linné (L.).

ROSENBLÜTEN
Auch »Flores Rosae«, Handelsbezeichnungen für Rosenblütenblätter der Essigrose (*Rosa gallica* L.), die heilkundlich verwendet werden, z. B. als Adstringens oder bei Durchfall.

ROSENESSIG
Rosenknospen wurden vor dem Aufblühen gesammelt, getrocknet und in Weinessig ein-

gelegt; dieser Rosenessig diente als Heilmittel gegen Müdigkeit und Ohnmacht.

ROSENGALLEN

Durch den Stich der Rosen-Gallwespe hervorgerufene Wucherungen (Gallen) an den Zweigen, besonders der Hundsrose (*Rosa canina* L.), die in der volkstümlichen Heilkunde gegen Schlaflosigkeit verwendet und Schlafäpfel sowie Rosenschwamm und Fungus Bedeguar genannt wurden.

ROSENHOLZ

Das Holz von alten Wurzelstöcken ist feinkörnig, sehr fest und schön gemasert, so daß es für Einlegearbeiten sehr gesucht ist; die Gartenrosen haben nur selten eine brauchbare Stammstärke.

ROSENKRANZ

Die Benutzung einer Gebetsschnur als Andachtshilfe, oft als »Rosarium« bezeichnet, ist seit dem 12. Jahrhundert eng mit der Marienverehrung verbunden, die ersten Rosenkränze waren offensichtlich aus Rosen angefertigt.

ROSENMOSAIK

Viruserkrankung der Rosen (Rosen Virus 1), heute in fast allen Rosenanbaugebieten.

ROSENÖL

Rosenöl ist ein Parfüm; es handelt sich um eine heller oder dunkler gelbe oder grünliche, dickliche Substanz, ein ätherisches Öl, das unter 20 °C zu kristallinischer Masse erstarrt, sehr stark nach frischen Rosen duftend.

ROSENROST

Pilzerkrankung der Rosen, vornehmlich an Freilandrosen oder Wildrosen.

ROSENSCHWAMM

s. ROSENGALLEN

ROSENSIRUP

Ein etwas bräunlicher Sirup, ähnlich Himbeersirup, mit starkem Rosengeschmack.

ROSENWASSER

Aus den mit Wasser destillierten Blütenblättern von Rosen hergestellt, dient als Heilmittel.

ROSE VON PAESTUM

s. auch PAESTUM; wahrscheinlich die Damaszenerrose (*Rosa × damascena* Miller).

ROTE KRIMROSE

Hybride aus Essig- und Damaszenerrose, die auf der Krim zur Ölgewinnung angebaut wird.

SCHOTTISCHE ZAUNROSE

s. WEINROSE (*Rosa rubiginosa* L.)

»SCHWARZE ROSE«

Eine wirklich schwarze Rose gibt es nicht, bei manchen Sorten ist das Dunkelrot so tief, daß man es als Schwarz ansehen könnte.

SCHWEFELROSE (*Rosa hemisphaerica* Herrm.)

Wild unbekannt; ein 1–2 m hoher Strauch mit steif aufrecht stehenden Zweigen und schwefelgelben, nicht duftenden Blüten.

SEIDENROSE (*Rosa sericea* Lindley)

Wildrose aus dem Himalaja; straff aufrecht wachsender Strauch mit seidig behaarten Blättern (Blattunterseite), mit weißen Blüten, die in der Regel nur vier statt fünf Blütenblätter tragen.

SEMEN CYNOSBATI

Handelsbezeichnung für die Nüßchen der Hagebutten von Hundsrosen (*Rosa canina* L.), botanisch die eigentlichen Früchte, die heilkundlich verwendet werden, z. B. als Tee bei Blasenleiden.

SOMMER-DAMASZENERROSE

Gartenrose, vermutlich eine Hybride aus der Essigrose und der Orientalischen Kletterrose (*Rosa gallica* L. × *Rosa phoenicia* Boiss.), der Name weist darauf hin, daß diese Damaszenerrosen nur im Sommer blühen.

SORTE

Auch Cultivar, Bezeichnung für einen Bestand von kultivierten Pflanzen, der sich durch besondere Merkmale, z. B. morphologische oder chemische, deutlich auszeichnet und bei der Fortpflanzung seine sortentypischen Merkmale beibehält.

SPORT

Spielart, so werden Mutationen, das heißt plötzlich auftretende Abweichungen im Erbgut, bezeichnet, die die äußerlichen Merkmale einer Rose verändern.

STRAUCHROSEN

Gruppe von Rosen mit buschigem Wuchs und mit aufrechten, aber manchmal auch bogig überhängenden Trieben; hierher gehören neben den modernen, öfter blühenden Strauchrosen auch die »Alten Rosen«.

»SUB ROSA«

Rose als Zeichen der Verschwiegenheit, Abmachungen »sub rosa« sind vertraulich und verpflichten die Beteiligten zur Verschwiegenheit, so wurden z. B. an Beichtstühlen geschnitzte oder in Stein gehauene Rosen als Symbol der Unverletzlichkeit des Beichtgeheimnisses angebracht.

TEEHYBRIDE

Älteste Rosengruppe unter den Modernen Gartenrosen, die ersten entstanden aus dem Samen einer Teerose, befruchtet durch irgendeine andere Rose, bis heute sind mehr als 6000 Sorten entstanden; allgemein großblütige Rosen mit schlanken Knospen.

TEEROSE (*Rosa × odorata* Sweet)

Kulturrose aus China; immergrüne Kletterrose mit langen Trieben, mit weißen, hellrosa oder gelblichen Blüten, der Geruch der zer-

riebenen Blätter oder auch der Blüten soll an Teeblätter erinnert haben; früher in vielen Sorten.

TUDORROSE

Englische Wappenrose, sie ist stets doppelt, die äußere Rose ist rot, die innere weiß.

VIELBLÜTIGE ROSE (*Rosa multiflora* Thunb.)

Japanische Wildrose, auch Korea, in den östlichen USA eingebürgert; stark wüchsiger, dicht verzweigter, kletternder Strauch mit weißen Blüten; sehr viel zu Kreuzungen verwendet, heute viele Sorten hoher Kletterrosen.

WALDROSE

s. FILZROSE

WEINROSE (*Rosa rubiginosa* L.)

Auch Schottische Zaunrose, europäische Wildrose, stark wüchsiger, sehr stacheliger Strauch mit Blättern, die sehr nach Äpfeln duften, schon seit 1600 in Kultur, häufig zu Kreuzungen verwendet.

WEISSE ROSE (*Rosa × alba* L.)

Auch 'Weiße Rose von York', wahrscheinlich eine Naturhybride, die seit dem Altertum in Kultur ist; 1 bis 2 m hoher Strauch mit weißen bis zartrosa gefärbten, meist halbgefüllten oder gefüllten Blüten, in mehreren Sorten.

WIESENROSE (*Rosa carolina* L.)

Nordamerikanische Wildrose mit vielen Ausläufern; in deutschen Baumschulen oft unter dem Namen *Rosa virginiana* angeboten.

WILDROSEN

Natürlich vorkommende Arten und deren Abkömmlinge, haben immer einfache Blüten.

YORK UND LANCASTER-ROSE (*Rosa × damascena* Miller 'Versicolor')

Gartenrose; ein ca. 1 m hoher Strauch mit weich behaarten Blättern und locker gefüllten, teils halb weißen, halb rosa oder nur weiß oder nur rosa gefärbten, nicht aber gestreiften Blütenblättern; benannt nach den sich in den englischen Rosenkriegen befehdenden Häusern, entstand aber viel später.

ZENTIFOLIE (*Rosa centifolia* L.)

Gartenrose, Heimat unbekannt; bis 2 m hoher Strauch mit ungleichen Stacheln, mit fiederspaltigen, stets abstehenden Kelchblättern und weißen bis dunkelroten wohlriechenden Blüten; eine komplexe Hybride, die sich vom 16. bis zum 18. Jahrhundert allmählich entwickelt hat, hierzu eine Reihe von Sorten, darunter auch Moosrosen.

ZIMTROSE

s. *Mairose* (ROSA MAJALIS Herrm.)

ZWERGROSEN

s. MINIATURROSEN

Index

A
Ackerrose 167
- Sorte 113
- Sorte, Halbgefüllte 136
Alpenheckenrose 45, 183
- Naturhybride 149
Anjou-Rose 87
Apfelrose 50
- Hybride 184
Alpenrose, Naturhybride 145
Apothekerrose 53

B
Banksrose, Weiße, gefüllte 104
Bengalrose 100
- Sorte (syn.) 163
Bibernellrose 58
- 'Double Pink Scotch Briar' 75
- Hybride 185
- 'Marienburg' 57
- Sorte, Halbgefüllte 132
- Sorte, Panaschiertblütige 134
- Sorte, Stachelige 147
- Stachellose 153
Bourbonrose 196
Boursault-Rose 129, 152, 183, 195
- Sorte, Einfache 182
Buschrose 125

C
Cherokee-Rose 123
Chinarose
- (syn.) 100
- Herbstblühende 189
- 'Longifolia' 96
- 'Old Blush China' 42
- Sorte 163, 173
- Sorte, Gefüllte 101

D
Damaszenerrose
- 'Celsiana' 109, 148
- Sorte 160
- 'York and Lancaster' 84
De Candolle-Rose 105
Dijon-Rose 49
- Bemooste 193
Dünenrose (syn.) 58
Dupont-Rose 48

E
Eschenrose 73

- Sorte, Gestreifte 110
Essigrose 170
- 'Agatha Incarnata' 180
- 'The Bishop' 97
- ? 'Duchesse d'Orléans' 156
- Hybride 64, 92, 188
- Kriechende 114
- Sorte 128, 135, 143, 161, 165
- ? Sorte 159
- Sorte, Großblättrige 144
- Sorte, Großblumige 168
- Sorte, Marmoriert blühende 166
- Panaschiert blühende 83
- Sorte, Stapelienblütige 169
- Sorte ? 'Tuscany' 91
- 'Violacea' 181

F
Feldrose 60
Filzrose 102
- Sorte 81
- Sorte, Gefüllte 126
- Sorte, Halbgefüllte 127
- Sorte, Mehlige 172
Flaumrose 'Obtusfolia' 80
? Frankfurter Rose 93
Frankfurter Rose (syn.) 79
'Francofurtana' (syn.) 79
Fuchsrose 51

G
Glanzrose 39
- Gefüllte 139
- Weiße, gefüllte 130
Griffelrose 89, 157
- Sorte 61

H
Hechtrose (syn.) 32
Herbst-Damazenerrose 69
- Panaschiertblättrige 186
- Sorte, Kleine 171
- Weiße 76
Hoher Hagdorn (syn.) 113
Hundertblättrige Rose (syn.) 29
Hundsrose
- Nadelblättrige 98
- Hybride 179
- Sorte 108

I
Immergrüne Rose 90

- Sorte 107, 187
'Impératrice Joséphine' 79

K
Kapuzinerrose 52, 178
Kartoffelrose 40
Kleinblütige Rose 94, 191
Kohlrose (syn.) 29
Kriechrose (syn.) 60

L
Lady Monson-Rose 175

M
Macartney-Rose 34
Mairose 82
- Gefüllte 68
Malmedy-Rose 99
- ? Doppeltgesägte 155
Marienburger Rose (syn.) 57
Miniaturrose (syn.) 43
Monatsrose 41, 142, 176
- 'Slater's Crimson China' 77
Montezuma-Rose 44
Moosrose
- 'Einfache Andrewsii' 36
- Gefüllte 37
- Sorte 192
- Sorte, Weiße 59
Moschusrose 33
- Halbgefüllte 65
Multiflora (syn.) 116, 117

N
? Noisette-Rose 121

P
Persische Rose 30
Portland-Rose
- 'Duchess of Portland' 70
- 'Rose du Roi' 146
Prärierose 177
Provence-Rose (syn.) 29
Provins-Rose (syn.) 53

R
Redouté-Rose 66
- Rotstielige 67
'Rosa Mundi' (syn.) 83
? 'Rose d'Amour' 86
Rose 'De Meaux' (syn.) 49
Rotblättrige Rose 32

S
Salatrose 35
Schwefelrose 31
Sumpfrose 63
- Sorte, Halbgefüllte 137, 141

T
Teerose
- 'Hume's Blush Tea scented China' 47
- Einfache 194

V
Vielblütige Rose
- 'Seven Sisters Rose' 117
- Rosa, gefüllte 116

W
Weinrose 78
- Halbgefüllte 120
- Sorte 62, 131
- Sorte, Anemonenblütige 154
- 'Elisabeth' (syn.) 85
- 'Zabeth' 85
Weiße Rose
- 'À feuilles de Chanvre' 106
- 'Celeste' 103
- 'Great Maiden's Blush' 64
- Halbgefüllte 74
- Sorte mit gefiederten Sepalen 150
Wiesenrose 56
- Sorte, Gefüllte 119
Wildrose, Panaschiertblättrige 38

Y
'Yellow Rose of Texas' 151
York und Lancaster-Rose (syn.) 84

Z
Zaunrose, Schottische (syn.) 78
Zentifolie 29
- Anemonenblütige 140
- Burgunderröschen 197
- Einfache 54
- Sorte 55, 111, 112, 115, 133, 174,
- ? Sorte 159
- Sorte, Nelkenblütige 72
- Sorte 'Petite de Hollande' 158
- Sorte, Sellerieblättrige 88
- 'Unique blanche' 71
Zimtrose (syn.) 82
Zwerg-Bengalrose 43
- Gefüllte 73
- Sorte 95

Bibliographie

Zum Leben und Wirken Redoutés

BLUNT, W. & STEARN, W. T.,
The Art of Botanical Illustration, The Royal
Botanic Gardens, Kew 1994.

DELCOURT, R. & LAWALREE, R.,
»Pierre-Joseph Redouté. Botaniste Illust-
rateur«, in: *Lejeunia,* 13, 1949, 5–20.

LACK, H. W. & BAER, W.,
»Ein botanisches Porzellanservice aus
Berlin für Kaiserin Joséphine«, in: *Willde-
nowia,* 1978, 8, 235–259.

LÉGER, C.,
Redouté et son temps, Paris 1945.

MANNERING, E.,
Pierre-Joseph Redouté. Rosen, Stuttgart
1954.

STAFLEU, F. A.,
»Pierre-Joseph Redouté«, in: *DSB XI.,*
New York 1975.

STAFLEU, F. A.,
»Redouté – Peintre de Fleurs«, in: LA-
WRENCE, G. H. M. (Hg.), *A Catalogue of
Redouteana,* Pittsburgh 1963.

VOS, DE A.,
»Biographie de P. J. Redouté 1759–
1840«, in: *Belgique horticole,* 1873.

Botanik und Gartenbau

HESS, H. E., LANDOLT,
E. & HIRZEL, R.,
Flora der Schweiz und angrenzender Gebiete,
Vol. 2, Basel 1977.

HEYWOOD, V. H. (ED.),
Blütenpflanzen der Welt, Basel 1982.

KRÄTZ, O.,
Goethe und die Naturwissenschaften,
München 1992.

KRÜSSMANN, G.,
Handbuch der Laubgehölze, Vol. III, Berlin
1978.

KRÜSSMANN, G.,
*Rosen, Rosen, Rosen: unser Wissen über die
Rose,* Berlin/Hamburg 1986.

LACK, E. & LACK, H. W.,
Botanik und Gartenbau in Prachtwerken, Ber-
lin/Hamburg 1985.

MÄGDEFRAU, K.,
Paläobiologie der Pflanzen, 4. Aufl., Stutt-
gart/Jena 1964.

MÄGDEFRAU, K.,
*Geschichte der Botanik. Leben und Leistung
großer Forscher,* 2. Aufl., Stuttgart/Jena/
New York 1992.

MARZELL, H.,
Wörterbuch der deutschen Pflanzennamen,
Vol. III, 1977.

NAKAMURA, T.,
Kinmôzui, 2. Aufl. (Reprint 1976), Tokio
1666.

NISSEN, C.,
*Botanische Prachtwerke. Die Blütezeit der
Pflanzenillustration von 1740 bis 1840,*
Wien 1933.

NISSEN, C.,
*Die botanische Buchillustration, ihre Geschichte
und Bibliographie,* 2. Aufl., Stuttgart 1966.

MEUSEL, H., JÄGER,
E. & WEINERT, E.,
*Vergleichende Chronologie der zentraleuropäi-
schen Flora,* Vol. 1: Text, Vol. 2: Karten,
Jena 1965.

SCHNEEBELI-GRAF, R.,
Blütenland China, Vol. I: Ornamental
plants, Vol. II: Useful and medicinal
plants, 2. Aufl., Basel/Boston/Berlin
1995.

SCHUBERT, R. & WAGNER, G.,
*Botanisches Wörterbuch. Pflanzennamen und
botanische Fachwörter,* 10. Aufl., Stuttgart
1991.

SCHUSTER, J.,
Goethe, Die Metamorphose der Pflanzen, Berlin 1924.

TUTIN, T. G. & AL.,
Flora Europaea, Vol. III, Cambridge 1968.

WISSOWA, G. & KROLL, W.,
*Paulys Real-Enzyklopädie der klassischen Alter-
tumswissenschaft,* 13. Vol., Stuttgart 1910.

ZANDER, R.,
Handwörterbuch der Pflanzennamen. hg. von:
ENCKE, F., BUCHHEIM, G. &
SEYBOLD, S., 15. Aufl., korrigierter
Nachdruck der 14. Aufl., Stuttgart 1994.

Arzneimittelkunde

GARBERS, K., *KITAB KIMIYA'AL-
'ITR WAT-TAS'IDAT.*
*Buch über die Chemie des Parfüms und die De-
stillationen von YA'QUB B. ISHAQ AL-
KINDI. Ein Beitrag zur Geschichte der arabi-
schen Parfümchemie und Drogenkunde aus dem
9. Jahrhundert,* p. C., Leipzig 1948.

HOPPE, H. A.,
Taschenatlas der Drogenkunde, Berlin/New
York 1981.

LEUNG, A. Y.,
Chinesische Heilkräuter, Köln 1985.

MOSIG, A. & SCHRAMM, G.,
*Der Arzneipflanzen- und Drogenschatz Chinas
und die Bedeutung des Pen,. Ts'ao Kang Mu als
Standardwerk der Chinesischen Materia Medi-
ca,* Berlin 1955.

MÜLLER, I.,
*Die pflanzlichen Heilkräuter bei Hildegard
von Bingen,* Salzburg 1982.

OHLOFF, G.,
*Irdische Düfte. Himmlische Lust. Eine Kultur-
geschichte der Duftstoffe,*
Basel/Boston/Berlin 1992.

SCHNEIDER, W.,
*Lexikon zur Arzneimittelgeschichte. Sachwör-
terbuch zur Geschichte der pharmazeutischen
Botanik, Chemie, Mineralogie, Pharmakologie,
Zoologie,* Vol. 1–7, Frankfurt a. M. 1968–
1975.

SCHÖPF, H.,
Zauberkräuter, Wiesbaden 1986.

WOENIG, F.,
Die Pflanzen im alten Ägypten, Leipzig
1886.

Kunst

BAUMANN, H.,
*Die griechische Pflanzenwelt in Mythos, Kunst
und Literatur,* München 1982.

HOPPE, B.,
»Darstellung der Alchemie in Gemälden
von Jan Brueghel d. Ä. (1568–1625)«, in:
Deutsche Apotheker Zeitung, 35, 1983, 144–
149.

KIRSCHBAUM, E., (ED.),
Lexikon der christlichen Ikonographie, Vol. III,
Rome/Freiburg/Basel/Wien 1971.

SCHMIDT, H.,
*Die vergessene Bildersprache christlicher
Kunst,* 3. Aufl., München 1984.

Danksagung

Der Druck erfolgte nach dem Exemplar in der Universitätsbibliothek Erlangen-Nürnberg, Handschriftenabteilung. Wir danken den Mitarbeitern der Bibliothek für die freundliche Unterstützung. Dank gebührt Brigitte Hoppe für die Zusammenarbeit und Otto Bünemann für die wissenschaftliche Überprüfung und Ergänzung der botanischen Pflanzennamen.

Fotonachweis

Fotos von Kurt Henseler, Tübingen

Für die Reproduktion der Tafeln auf den Seiten 85, 86, 137, 149, 168, 170, 181 und 186 wurden die Bände aus der historischen Abteilung der Universitätsbibliothek Tübingen benutzt. Für die Reproduktion der Tafel auf S. 42 danken wir der Bibliothek Darmstadt.

© Archiv für Kunst und Geschichte, Berlin: Abb. 10, 11, 12
Die Reproduktion der Abbildung 2 wurde mit freundlicher Genehmigung des Parey Buchverlags im Blackwell Wissenschafts-Verlag dem Buch *Georg Krüssmann, Rosen, Rosen, Rosen* (Berlin, 1986), S. 12, entnommen.

Die Legenden zu den Bildtafeln enthalten jeweils die botanische Bezeichnung sowie die gebräuchlichen Populärnamen in Englisch, Deutsch und Französisch, sofern sie zu ermitteln waren. Die Markierungen am Ende verweisen auf das Vorkommen als Wildrose (⚬), als Gartenrose in Kultur (⚬) und nicht mehr in Kultur (⚬).

© 2007   TASCHEN GmbH, Hohenzollernring 53, D-50672 Köln
www.taschen.com

Originalausgabe: © 1999 Benedikt Taschen Verlag GmbH

Redaktion   Petra Lamers-Schütze, Ines Dickmann, Köln
Botanisches Fachlektorat   Otto Bünemann, Herdecke; Petra-Andrea Hinz, Aying
Design   Lambert und Lambert, Düsseldorf
Produktion   Thomas Grell, Köln

ISBN 978-3-8365-0172-9
Printed in China